Fotos: Barbara Kramer-Drauberg

Text: Friedrich Bouvier

Das Herz-Jesu-Viertel in Graz

Weishaupt Verlag

ISBN 3-7059-0234-2
1. Auflage 2005

Tel.: ++43/3151-8487, Fax: ++43/3151-84874
e-mail: verlag@weishaupt.at
e-bookshop: www.weishaupt.at

Druck und Bindung: Druckerei Theiss GmbH, A-9431 St. Stefan.
Printed in Austria.

Vorwort

Das Herz-Jesu-Viertel in Graz ist etwas Besonderes. Nicht weil es vom höchsten Kirchturm der Steiermark, dem 109,60 Meter hohen Turm der Herz-Jesu-Kirche überragt wird, sondern weil es auf seine Art ein kleines heimliches Dorf in der Landeshauptstadt Graz ist. Der weithin sichtbare mächtige Backsteinbau der Herz-Jesu-Kirche bildet das Zentrum des vorwiegend in der zweiten Hälfte des 19. Jahrhunderts entstandenen Gründerzeitviertels rund um die Kirche. Die zwei- bis dreistöckige Blockrandverbauung umschließt die begrünten ruhigen Innenhöfe. Gegen den Ruckerlberg hin öffnet sich die Bebauung zu einem großzügigen Villenviertel.

Wo sind die Grenzen des Herz-Jesu-Viertels? Die sind eigentlich nicht definiert. Am ehesten könnte man die Grenzen des Pfarrsprengels dafür ansehen. In Wirklichkeit sind die Grenzen aber dort, wo sich die Bewohner nicht mehr zum Herz-Jesu-Viertel gehörig fühlen. Und das geht oft über die Pfarrgrenze hinaus. Das vorliegende Buch zieht daher auch keine scharfe Grenze, der Schwerpunkt der Betrachtungen liegt aber schon innerhalb Pfarrgebietes, das sich im Westen bis zur Mandellstraße, im Norden bis zur Leonhardstraße, im Osten über die Ehlergasse bis zur Kreuzung der Ruckerlberggasse mit der Rudolfstraße und im Süden bis zur Koßgasse erstreckt. Der Kirchenvorplatz, seit 1991 nach dem Erbauer der Herz-Jesu-Kirche Bischof-Zwerger-Platz benannt, ist der heimliche Hauptplatz des Herz-Jesu-Viertels.

Einige Schulen und Kindergärten liegen im oder am Rande des Viertels. Neben dem sakralen Zentrum der Herz-Jesu-Kirche ist wohl der Altbau der Technischen Universität der wichtigste Profanbau. Liegt die Volksschule Nibelungen im Zentrum, so sind die beiden Mittelschulen, das Sacre Cœur und die Schule der Ursulinen, am Rande angesiedelt. Ebenso die Kunstuniversität im Palais Meran.

Auch Kultur und Kleinkunst sind im Herz-Jesu-Viertel anzutreffen. Nicht wegzudenkende Institutionen sind das Rechbauerkino oder das Theater-Café. In der Rechbauerstraße gibt es mit den „Komödianten in St. Leonhard“ ein Kleintheater. Künstler wie die Keramikerin Wilma Schalk oder der Bildhauer Georg Winkler hatten auch hier ihr Atelier. So manche Gedenktafel, wie jene für den Tondichter Joseph Marx, den Landschaftsmaler Josef Arbesser, den Bildhauer Hans Brandstetter, den Wissenschafter Karl von Terzaghi oder den verunglückten Rennfahrer Jochen Rindt, um einige zu nennen, erinnert an bedeutende Persönlichkeiten aus Kultur und Sport, die im Herz-Jesu-Viertel lebten und wirkten.

Für Senioren stehen gute Tagesbetreuungs- und Heimplätze am Ruckerlberg zur Verfügung. Das Herz-Jesu-Viertel ist mit öffentlichen Verkehrsmitteln gut erschlossen. Durch teilweise Nichtverwirklichung ursprünglicher Verkehrskonzepte rollt oder staut der Individualverkehr heute durch Wohnstraßen, wie durch die Merangasse, und stellt in diesen Bereichen eine Beeinträchtigung der Wohnqualität dar.

Die Infrastruktur des Viertels ist gut bestückt, noch gibt es den Kaufmann und den Bäcker um die Ecke, gemütliche Gasthäuser und Konditoreien und auch vielfältige Kleingeschäfte wie den Uhrmacher, den Buchbinder oder den Geigenbauer. Zahlreiche Arztpraxen und einige Apotheken gewährleisten die medizinische Versorgung vor Ort. Mit Sporthalle, Hallenbad und Tennisplätzen sind auch sportliche Anlagen im Viertel.

Die Bewohner des Herz-Jesu-Viertels, Familien, Pensionisten und Studenten, lieben das Flair ihres Stadtteils, und viele kennen einander wie in einem Dorf.

Der vorliegende Bildband öffnet den Blick für die Schönheiten des Viertels und seiner Details.

Das Herz-Jesu-Viertel

Mit der Aufnahme der Grazer Innenstadt in die Liste des Weltkulturerbes fand die städtebauliche Bedeutung des Stadtkernes internationale Anerkennung. Die viel jüngeren Gebiete der Stadterweiterung im Bereich der Bezirke St. Leonhard und Geidorf, ab der Mitte des 19. Jahrhunderts planmäßig entstanden, werden hingegen in ihrer besonderen städtebaulichen Qualität erst langsam erkannt. Die geschlossenen Ensembles, Straßenzüge und Viertel der so genannten Gründerzeit geben diesen Stadtteilen ihr bestimmendes Gepräge. Als Gründerzeit bezeichnet man den Zeitraum von 1850 bis 1914, der durch Industrie- und Fabriksgründungen einen starken wirtschaftlichen Aufschwung erfuhr. Die Errichtung des Eisenbahnnetzes, verbesserte Technologien und neue Produkte führten zu einer Hochkonjunktur, die auch einen steigenden Wohnraumbedarf und die Errichtung von Bildungs- und Kulturbauten mit sich brachte.

In Graz entwickelte sich die Industrie vorwiegend westlich der Mur entlang der Eisenbahn, während die Wohnbauten bevorzugt in den Vorstädten St. Leonhard und Geidorf errichtet wurden. Hier entstanden auf Privatinitiative neue Straßenzüge. Die dem Stadtzentrum zulaufenden Straßen wurden leicht fächerförmig angelegt und waren möglichst geradlinig, die verbindenden Querstraßen schmäler.

Grundlage für die Neuanlage der Straßenzüge und der zu errichtenden Bauten waren die Gubernialverordnung aus dem Jahre 1840 und die 1856 erlassene Bauordnung der Stadt Graz, die beide gestaltbestimmende Festlegungen enthielten. So etwa wurde darauf hingewiesen, dass die neu anzulegenden Straßenführungen möglichst geradlinig, mit zum Umkehren geeigneten Fahrbahnbreiten und mit Gehsteigen entlang der Häuser ausgeführt werden müssen. Ein Aspekt bei der Neuanlage von Straßen war auch die Ausrichtung auf einen „Point de Vue", auf einen besonderen Sichtpunkt.

Bei der Widmung neuer Bauplätze sah die Bauordnung vor, dass „auf offenen Gründen das Raumausmaß der Parzellen nicht beengt gehalten werden darf. Wohn- und allfälligen Nebengebäuden muß ausreichende Luft und hinlängliches Licht, dann ein angemessener Hofraum zur Sonderung der Realitäten und zum Schutze gegen Feuergefahr geboten sein ..." (§2)

Ebenso deutlich die Vorschriften über die neuen Wohnbauten: „An Plätzen und Gässen ist in der Frontseite nur die Ausführung anständiger, mindestens ein Stockwerk

über das Erdgeschoß erhobener Gebäude zulässig“ (§5). „Die aufzuführenden Gebäude haben nicht allein dem Interesse der Baupartei, sondern den Erfordernissen der Gesundheit, des Anstandes und der Bequemlichkeit zu entsprechen. Für die äußere Ausstattung der Gebäude, nämlich bei der Herstellung der Facade, simetrischer Eintheilung der Türen, Fenster u. dgl. ist eine solche Anordnung zu treffen, welche dem geläuterten Geschmacke in architektonischer Beziehung durch Wahl richtiger Verhältnisse und anständiger Verziehrung entspricht …“ (§33)

Auf der neuen Bauordnung aufbauend entstand die weitblickende Stadtplanung des 1853 ernannten Landesbaudirektors Martin Ritter von Kink, der die Konzeption der Grazer Ringstraße, des Glacis und der Stadterweiterung erstellte. Ebenso in diesem Zusammenhang zu erwähnen ist der von Josef Wastler im Jahre 1875 erstellte „Zukunftsplan von Graz“ und der spätere, Ludwig Muhry zugeschriebene Plan über die „Stadterweiterung von Graz“. In allen diesen Plänen war die Verschmelzung der alten Vororte wie St. Leonhard mit der Kernstadt Graz unter Integration der alten Straßenzüge wie etwa der Leonhardstraße ein wichtiges Thema. Zwischen der einst befestigten Stadt Graz und ihren Vororten wie St. Leonhard erstreckte sich ein ländliches Gebiet mit wenigen Straßen, offenen Bachläufen und eher ärmlichen Keuschen, dazwischen vereinzelte Höfe und Ansitze. Die eigentlichen Bewohner waren einfache und vielfach ärmliche Leute. Überreste einer eher ländlichen Bebauung sind noch heute in der Schützenhofgasse und in der Krenngasse zu erkennen.

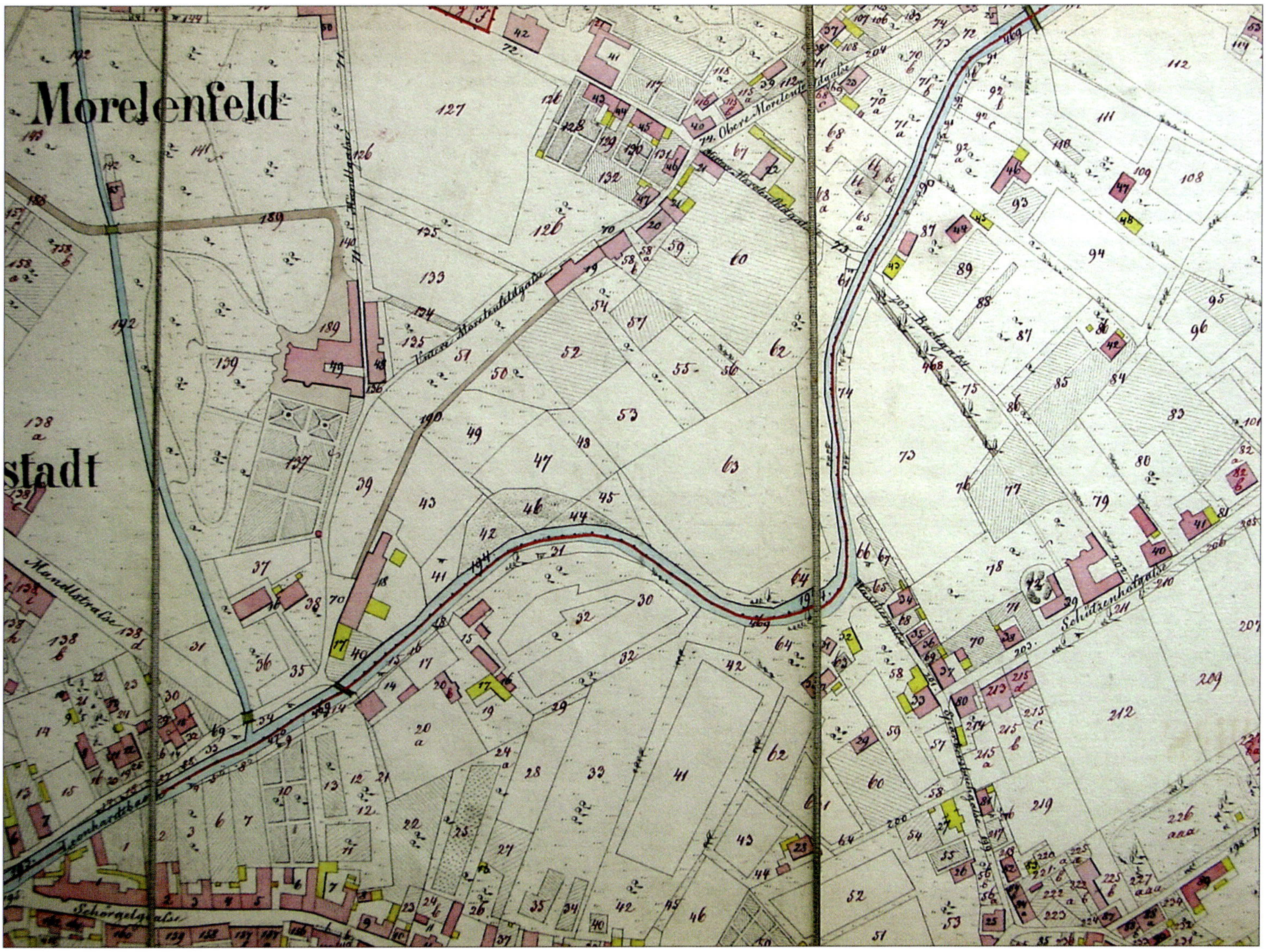

Das Herz-Jesu-Viertel auf einem Stadtplan aus dem Jahre 1867

Straßen

Eine der ältesten Straßenzüge ist die das Herz-Jesu-Viertel an der Nordseite begrenzende Leonhardstraße. Sie ist ein alter Handelsweg, der wohl schon von den Römern benutzt wurde. Im Mittelalter als „Ungarstraße" bezeichnet, führte sie durch St. Leonhard weiter über Gleisdorf und Feldbach nach Ungarn.

Neben dem Ausbau bestehender Straßen wie der alten Verbindungsstraße nach St. Leonhard, der Leonhardstraße, kam es im 19. Jahrhundert durch die Parzellierung der vorhandenen Gründe, wie des Morellenfeldes oder der Mandell'schen Gärten, zur planmäßigen Anlage von meist geradlinigen Straßenzügen. Unter ihnen die Merangasse, die Schillerstraße, die Rechbauerstraße, die Mandellstraße, die Krenngasse, die Nibelungengasse, die Sparbersbachgasse und die Lessingstraße. Der so entstandene Straßenraster wurde durch kleinere Straßen und Gassen wie beispielsweise die Raimundgasse oder die Katzianergasse unterteilt. Schon vorhandene Straßenzüge wurden in das neue Straßenkonzept integriert. Am aufwändigsten war wohl die Anlage der „neuen" Sparbersbachgasse. Der Leonhardbach wurde dem heutigen Verlauf der Sparbersbachgasse folgend reguliert und überwölbt. Die Großzügigkeit, mit der man die Straßen anlegte überrascht noch heute. Immerhin wurden zu einem Zeitpunkt, als es noch relativ wenig Fuhrverkehr gab, nur Kutschen und Pferdefuhrwerke, Straßenbreiten vorgesehen, die bis heute mehr oder weniger imstande sind, den privaten und öffentlichen Verkehr einschließlich Bus und Straßenbahn zu verkraften. Die breitesten Straßen, wie die Elisabethstraße und die Merangasse galten damals als die nobelsten Straßenzüge, die Grundstücks- und Mietpreise waren daher hier entsprechend hoch.

Von der Typologie der Straßen gab es den einfachen, durch die Blockbebauung gebildeten Straßenzug, den einseitig oder beidseitig mit Vorgärten versehenen Straßenzug und die einseitige oder beidseitige Allee oder die Alleeformen verbunden mit Vorgärten. Ein besonders schönes Beispiel für eine beidseitige Allee mit beidseitigen Vorgärten ist der auch besonders breit ausgebildete Ruckerlberggürtel. Warum er später im Süden, ähnlich wie die breite Conrad-von-Hötzendorf-Straße, keinen Anschluss fand, wird wohl immer ein Geheimnis bleiben. Im Übergangsbereich zwischen den blockverbauten Teilen des Viertels und dem Villenviertel am Ruckerlberg kommt es auch bereits in einzelnen Straßenzügen zur Gegenüberstellung beider Bebauungstypen. Beispiele dafür sind die Schützenhofgasse zwischen der Naglergasse und dem Schillerplatz oder der südlichste Teil der Merangasse, der gleichzeitig auch als Allee ausgebildet wurde.

Wichtig bei der Anlage der neuen Straßen war, wie schon erwähnt, die Ausrichtung auf einen besonderen Blickpunkt in der Ferne, wie etwa auf das Wahrzeichen der Stadt, den Uhrturm. Bei der Achse der Mandellstraße oder der Rechbauerstraße kann man dies deutlich erkennen. Die Schillerstraße beispielsweise ist auf das Palais Meran ausgerichtet. Wo es einen derartigen „Point de Vue" nicht gab, hat man durch die Anordnung von Erkern und Ecktürmen Achsenendpunkte und Achsenknicke geschaffen. Ein besonders signifikantes Beispiel ist der Eckerker des Hauses Sparbersbachgasse 1, auf den die Sparbersbachgasse förmlich zuläuft. Für die mehrfach geknickte Straßenführung der Naglergasse bildet der markante Kirchturm der Herz-Jesu-Kirche einen wesentlichen Bezugspunkt.

Um 1880 gab es in Graz fast nur Schotterstraßen ohne eigentlichen Grundbau. Verkehrsreichere Straßen waren mit gewöhnlichen, aus Sandgruben oder der Mur geborgenen Kiessteinen („Murnockerln") gepflastert. Später ging man auf die Herstellung des Makadambelages über, ein mit Bruchsteinen grundierter Belag mit eingewalzter Schotterdecke. Weitere Fortschritte brachte die Pflasterung mit geköpften Kiessteinen und ab 1890 mit Großgranitwürfeln aus dem damals untersteirischen Bacherngebirge.

Als Material für Pflasterungen der Gehsteige dienten früher, soferne man es nicht bei der bloßen Besandung beließ, großformatige Stainzerplatten. Erst um 1985 wurde der letzte Stainzerplattenbelag (Katzianergasse 1) durch Asphalt ersetzt. Noch zwei Gehsteige haben sich im Herz-Jesu-Viertel mit einem Belag aus hart gebrannten Schattauer Klinkerplatten erhalten (Katzianergasse 4 und 6) und geben Zeugnis von früheren Straßenbelägen.

Plätze

Zum Unterschied zu den aus ihrer Funktion gewachsenen mittelalterlichen Plätzen wurden die Platzanlagen in den Stadterweiterungsvierteln wie die meisten Straßen planmäßig angelegt. Die Plätze entstanden einfach dadurch, dass man die eine oder andere Blockrasterfläche einfach von der Bebauung freihielt. Beispiele dafür sind der Kaiser-Josef-Platz, der gleichzeitig die notwendige Freifläche für die repräsentative Fassade des Grazer Opernhauses und für die evangelische Heilandskirche bildet, der Schillerplatz und der Felix-Dahn-Platz, die beide als Parkflächen ausgebildet wurden. Manchmal wurden auch kleine, sich aus der strengen Blockrasterung ergebende Restflächen als kleine Grüninseln ausgebildet, wie etwa die Dreiecksflächen zwischen der Haydngasse und der Wastiangasse oder zwischen der Wastiangasse und der Lessingstraße. Auch für die Errichtung wichtiger öffentlicher Gebäude, wie der Herz-Jesu-Kirche oder der Alten Technik, wurden die entsprechenden Blockparzellen reserviert.

Blockbebauung

Zwischen 1880 und 1914 erlebte Graz eine besonders intensive Bautätigkeit, die nicht nur öffentliche, kommunale und kirchliche Bauten betraf, sondern vor allem auch den sozialen Wohnbau vom Zinshaus bis zur Villa. Gerade die von qualitätsbewussten Baumeistern errichteten Wohnbauten führten zu städtebaulichen Umstrukturierungen, die das damalige Stadtbild rasant und wesentlich veränderten. Dabei traten die Baumeister vielfach gleichzeitig als Bauherrn auf, die die von ihnen errichteten Miethäuser im fertigen Zustand verkauften oder selbst vermieteten.

Der monumentale Charakter der mehrgeschoßigen Wohnbauten wurde durch die Gruppen- oder Blockbauweise erreicht. Bei der Parzellierung der Blockparzellen wurde eine möglichst regelmäßige orthogonale Grundstücksteilung im Rastersystem angewandt. Man unterscheidet im Wesentlichen das Zinshaus und die Zinsvilla, die gerade im Herz-Jesu-Viertel fast ausschließlich reinen Wohnzwecken dienten. Während das Zinshaus neben dem Hauseigentümer, so dieser im Hause wohnte, einer Anzahl von Mietern zur Verfügung stand, gebrauchte man die Bezeichnung Zinsvilla für Wohnhäuser, die zwar auch meist nicht frei stehen, aber im Wesentlichen für eine Familie bestimmt sind und allenfalls das zweite Geschoß einer weiteren Familie vermietet werden konnte. Ein Beispiel für eine typische Zinsvilla ist das Haus Sparbersbachgasse 42 an der Ecke zur Raimundgasse.

Die Häuser bestehen größtenteils aus dem gartenseitig ausreichend belichteten Souterrain mit einer Hausmeisterwohnung, früher mit einer Fasskammer für die Aborte, einem Keller mit einem Einwurfraum für Kohle und Holz, Kellerabteilen für die Mieter und einer Gemeinschaftswaschküche. Auch die Gaszähler (1845 trat das Gas an die Stelle des Petroleumlichtes) waren im Keller untergebracht. Die Nutzung der Erdgeschoßzone für Geschäfte stellt eher eine Ausnahme dar. Die unterschiedliche Ausstattung der Geschoße spiegelte auch die soziale Stellung ihrer Bewohner. So etwa wurde das erste Obergeschoß meist „Beletage" genannt und war mit seinen besonders hohen Räumen und oft bemalten oder mit Stuck verzierten Decken häufig dem Hauseigentümer oder dem wohlhabenderen Bürgertum vorbehalten. Die Wohnungen waren ursprünglich wohl mit altdeutschen Möbeln und Kachelöfen ausgestattet. Nach oben wurden die Geschoßhöhen meistens geringer. Das fallweise nur hofseitig ausgebaute Dachgeschoß war in der Regel von den Dienstboten und anderen Angehörigen der niedrigeren sozialen Schicht bewohnt. In den von der Blockrandbebauung gebildeten Höfen waren vorwiegend Gärten. Bei nobleren Häusern gab es eine Kutschendurchfahrt mit Stallgebäuden und Kutschenremisen (Rechbauerstraße 3).

Großer Wert wurde auf die Repräsentation gelegt, was sich gelegentlich zuungunsten der Funktion auswirkte. Dies ist einer der Gründe, warum der Historismus vor allem um die Mitte des 20. Jahrhunderts viele Kritiker fand. Die Grundrisse waren nicht nach bevorzugter Himmelsrichtung ausgerichtet, sondern nach der Nobelseite, und diese lag immer straßenseitig. Daraus ergab sich die Anlage straßenseitiger Zimmerreihen mit Enfiladenbildung, was der Repräsentation zwar entgegenkam, der Intimität des Einzelraumes, weil Durchgangszimmer, aber zuwiderlief. Hofseitig waren neben dem Stiegenhaus die aus damaliger Sicht untergeordneten Räume wie die Küche, die Speisekammer, der Abort und – meist mit der Küche in Verbindung – ein Dienstbotenzimmer vorgesehen. Pro Geschoß gab es zwei, manchmal auch drei Wohneinheiten, die im Grundriss so konzipiert waren, dass man durch einen späteren Mauerdurchbruch leicht zwei

Wohnungen zu einer vereinigen konnte. Breite, zweiflügelige hohe Rahmenfüllungstüren und Parkettböden in den Wohn- und Schlafräumen steigerten die Noblesse der Räume.

Charakteristisch für den Baustil der Gründerzeitarchitektur ist die meist von privaten Wohnungsbaugesellschaften errichtete mehrgeschoßige Blockrandbebauung mit ihren reich dekorierten Fassaden, deren Einzelformen dem Historismus des ausgehenden 19. Jahrhunderts folgen (Neoromanik, Neugotik, Neorenaissance, Neobarock etc.). Als „Historismus" bezeichnet man eine Stilrichtung, bei der man auf ältere Stilrichtungen zurückgriff und diese nachahmte. So verwendete man für Kirchen in der Regel den Stil der Romanik oder Gotik, für Wohnbauten den Stil der Renaissance und für repräsentativere Villen und Theaterbauten den Barockstil. So lautete beispielsweise der städtische Auftrag an die Architekten des an das Herz-Jesu-Viertel angrenzenden Grazer Opernhauses (Fellner und Helmer), „ein Theater im Stile Fischer von Erlachs zu bauen". Innerhalb der historistischen Bauphase unterscheidet man zwischen dem romantischen Historismus (vor 1870), dem strengen Historismus (1870-1890) und Späthistorismus (nach 1890). Ab 1900 löst der Jugendstil mit seinen fließenden floralen und figuralen Motiven den Historismus ab. Der Jugendstil im Herz-Jesu-Viertel findet vor allem im Bereich der Fassadendekoration und in den handwerklichen Details von Türen, Geländern und Gittern seinen Niederschlag, weniger in der Architektur selbst.

In der Zeit vor dem Ersten Weltkrieg ist das hohe planerische Niveau der in Graz ansässigen oder tätigen Baumeister besonders auffällig. Namen wie Wolfgang Alkier (z. B. Schillerstraße 27/29), Jakob Bullmann (z. B. Rechbauerstraße 53) Ferdinand Fellner, Eduard Helmer, Gustav Gutmann (z. B. Schumanngasse 23–27), Josef Hötzl (z. B. Villa Dettelbach, Merangasse 77), Adolf Ritter von Inffeld (Bachmannsiedlung), J. G. Tolazzi (z. B. Nibelungengasse 82) und Friedrich Sigmundt (z. B. Rechbauerstraße 45) stehen für höchste Architekturqualität.

Die Blockbebauung findet in einfacherer Form ihre Fortsetzung in der Zwischenkriegszeit und beim Wiederaufbau nach dem Zweiten Weltkrieg. Beispiele dafür sind die Bebauung des Felix-Dahn-Platzes und das Viertel der oberen Rechbauerstraße im Bereich der Krenngasse und die so genannte Postsiedlung am Ruckerlberggürtel. Die schlichte Architekturgestaltung der Nachkriegszeit fand auch ihren Niederschlag bei so mancher „Fassadenrestaurierung". Dem modischen Trend der Schlichtheit folgend und wohl auch aufgrund eingeschränkter finanzieller Mittel entschlossen sich Hauseigentümer, den Fassadendekor ihres Hauses abschlagen zu lassen.

Villen

War bis in die Mitte des 19. Jahrhunderts das Schloss oder das Palais eine dem Adel vorbehaltene Wohnform, so führte der zunehmende Wohlstand der Bürger und deren Repräsentationsbedürfnis zum Villenbau. Die bevorzugten Villengebiete in Graz lagen an den Abhängen der die Stadt umgebenden Hügel. Während die ersten Villenbauten im Bezirk Geidorf, am Fuß des Rosenberges, entstanden, erstreckte sich die Villenbautätigkeit bald auch auf das Gebiet des Ruckerlberges. Die frühen Villenbauten (1850–1870) standen noch in der biedermeierlichen spätklassizistischen Tradition, mit symmetrisch angelegtem Grundriss und sehr filigranem Fassadenschmuck. Die Symmetrie wurde meist durch einen Mittelrisalit betont. Der historistische Baustil entfaltete sich von 1870 bis 1910. Durch die Überlagerung der Architektur mit Loggien, Erkern und Türmen sollten die Villen einen romantischen Schlosscharakter erhalten. Mehr noch als der gotische Stil hat bei den Villen der Renaissancestil Anwendung gefunden. Es waren nicht immer nur formale Gründe, die die Entscheidung für einen historischen Stil beeinflussten. Es war oft auch die Vorliebe für eine Epoche, der man mit dem Bau seiner Villa nahe kommen wollte. Im späten Historismus kam es immer häufiger zur Vermischung von Stilelementen an einem Objekt. Ab 1890 färbte auch die aus England kommende Cottagebewegung auf den Villenbau ab. Ziel der Cottagebewegung war es, frei stehende Einfamilienhäuser in lockerem Verband, umgeben von Grünflächen, zu errichten. Eines der bevorzugten Gebiete dafür war der Ruckerlberg. Das charakteristische Erscheinungsbild dieser Bauten sind neben Erkern und Türmen Fachwerksgliederungen, Holzveranden und abgetreppte Giebel, die durch eine besonders malerische Anordnung auffallen.

Ab 1900 bereichert der Aufschwung des Kunstgewerbes die Architektur. Kunstgewerblich hergestellte Fertigteile werden zur Komposition des Fassadendekors herangezogen. Ein bemerkenswerter Bau aus dieser Zeit ist die Villa Dettelbach in der Merangasse (Architekt: Josef Hötzl) mit besonders gestalteten Fensterausbildungen. Langsam wurde die Villa immer mehr vom Einfamilienhaus abgelöst und für eine gartenstadtähnliche Bebauung vorgesehen. Die am Rande des Herz-Jesu-Viertels angesiedelte Bachmann-Kolonie war der geglückte Versuch, das Einfamilienhaus platzsparend in einem Reihenhausverband einzugliedern. Trotzdem ist die Siedlung in der Wegenergasse so konzipiert, dass sich keine Gleichförmigkeit ergibt.

Fassaden

Trotz vielfältiger Fassadengestaltung, mit großem Detailreichtum im Historismus und im Jugendstil, unterlag die große Ordnung doch meist einem einheitlichen Prinzip. Vorrangig fällt die axial symmetrische Fassadenordnung auf, die nur in besonderen Fällen und bei Eckhäusern unterbrochen wurde. Manchmal bilden auch die Fassaden von zwei oder drei Gebäuden zusammen eine gemeinsame Symmetrieachse. Die Gebäudesockel, häufig in Stein ausgebildet, haben scharrierte oder gestockte Oberflächen. Das Keller- und das Parterregeschoß sind durch ein Gurtgesims getrennt und durch ein kräftig gestaltetes Kordongesimse als sockelartige Einheit zusammengefasst und von den Obergeschoßen getrennt. Manche Fassaden weisen ganz besondere Gestaltungsmerkmale auf. So gibt es vereinzelte Fassaden, die in den Obergeschoßen mit gelblich glasierten oder hart gebrannten Klinkerziegeln ausgeführt sind. Eine herausragende Fassade ist jene der einstigen Schlosserei der Gebrüder Kerl in der Merangasse, die eine besonders ausdrucksvolle Sgraffitodekoration zeigt. Manchmal wurden die beiden Obergeschoße durch kunstvoll gestaltete Kolossalsäulen zusammengefasst. Das Erdgeschoß als Sockelgeschoß weist in Anlehnung an das Rustikageschoß der Renaissance oft einen genuteten oder in Form von Putzquadern gegliederten Putz auf. Den oberen Abschluss der Fassade bildet ein häufig mit Konsolen ausgebildetes Traufgesimse. Früheren Baustilen entlehnte Dekorationselemente, wie reliefierte oder kannelierte Säulenschäfte, verschiedene Kapitellformen, Akanthusblätter, Hermenpilaster und Medusenköpfe, sollen die gewollte historische Atmosphäre steigern. Im späten Historismus gehen die Elemente der Fassadendekoration fast nahtlos in den Jugendstil über. Die Farbgebung der Fassaden war dezent und einfärbig, mit reiner Kalkfarbe gestrichen. Die Hoffassaden sind schmucklos und meist mit Rieselputz versehen.

Eckhäuser

Der architektonischen Gestaltung der Eckhäuser wurde besonderes Augenmerk geschenkt. Akzentuieren sie doch die Eckpunkte der Baublöcke und die Straßenkreuzung als stadträumliches Element. Es fällt auf, dass die Trauflinie der Eckhäuser in der Regel etwas höher angesetzt ist als jene der angrenzenden Gebäude, was dem Straßenbild Rhythmus und dem schweifenden Auge Halt gibt. Die Ausbildung der Ecke selbst wird unterschiedlich bewältigt. Neben der kantigen Ecklösung ist häufig die abgeschrägte oder ausgerundete Form zu finden. Perspektivisch gesteigert wirken Eckausbildungen mit im spitzen Winkel aufeinander zulaufenden Fassadenfronten, wie die Eckbauten an den Kreuzungen der Haydngasse mit der Wastiangasse oder der Technikerstraße mit der Sparbersbachgasse. Eine weitere architektonische Steigerung der Eckausbildungen und der städtebaulichen Dominanz ist die Anordnung von Eckerkern oder Ecktürmen, die mit Spitz-, Walm- oder Kuppeldächern versehen sind. Bei abgeschrägten Ecken gibt es dann auch zwei Eckerker oder einen Mittelerker im abgeschrägten Fassadenfeld. Durch die Eckerker und Ecktürme erfahren die Straßenräume im Bereich der Straßenkreuzungen eine ganz bewusst gesteigerte städtebauliche Wirkung. Ein besonders herausragendes Beispiel einer stadtbaukünstlerischen Lösung ist die Kreuzung der Rechbauerstraße mit der Sparbersbachgasse. Die rondellartigen überkuppelten Ecktürme verleihen diesen Eckbauten nicht nur eine für sich ausgezeichnete Qualität, sondern sie akzentuieren auch die städtebaulichen Sichtachsen und die großräumigere Stadtstruktur. Ähnlich qualitätsvoll die Ausbildung der beiden gleich gestalteten Eckhäuser am Beginn der Rechbauerstraße (heute mit einem Dachaufbau versehen), die dem Zugang zur Technischen Hochschule eine besondere Note verleihen. Weitere herausragende Eckhäuser sind der Julienhof an der Kreuzung der Naglergasse mit der Schützenhofgasse und das „Sonnige Eck“ an der Kreuzung der Rechbauerstraße mit der Nibelungengasse (Architekt: Friedrich Sigmundt).

Ecktürme und Erker

Die Individualität der einzelnen Häuser wurde durch den unerschöpflichen Formenreichtum historistischer Fassadendekoration erreicht, der im darauf folgenden Jugendstil noch eine Steigerung erfuhr. Der Phantasiereichtum der Detailinstrumentierung der historistischen Fassaden und des Jugendstildekors ist ohne Grenzen. Ecktürme und Erker bilden nicht nur in ihrer unterschiedlichsten Ausführung die notwendige Akzentuierung im Straßenbild, in der Fassadenflucht und an den Straßenecken, sondern bereichern auch die Qualität des dahinter liegenden Wohnraumes. Ein besonders schönes Beispiel für die Vielfalt von Erkerlösungen ist die Ostfront der Eduard-Richter-Gasse. Dass ein Erker auch als Gelenk für einen Versatz der Baufluchtlinie gekonnt eingesetzt wurde, zeigt der Erker des Hauses Haydngasse 7. Der Erkerfuß ist meist kunstvoll ausgebildet und endet manchmal in einem Löwenkopf oder einem Maskeron.

Fenster

Die Fenster- und Fensterumrahmungen sind wesentliche Gestaltungskriterien der Fassaden. Einfache hochrechteckige Fenster und Fenster mit einem oberen Rundbogenabschluss stehen oft in spannungsreichem Gegensatz. Fenster mit unterschiedlichen Giebelformen, wie Dreiecksgiebel, Rundgiebel oder Sprenggiebel, beleben das Fassadenbild. Bemerkenswert sind Fenster, die von Kariatyden flankiert sind, wie es unter anderem Beispiele in der Lessingstraße und der Rechbauerstraße zeigen. Biforienfenster, also zwei unmittelbar nebeneinander gestellte Fenster, steigern manchmal die Wirkung der mittleren oder seitlichen Fensterachsen. Phantasiereich sind die Ausbildungen der Schlusssteine über Fenster- und Türüberlagen. Skulptierte Maskerone, Mädchenköpfe oder Löwenhäupter steigern die Plastizität der Fassaden. Die eigentlichen Fensterkonstruktionen sind vorwiegend als so genanntes Wienerstockfenster ausgebildet. Im Gegensatz zu den Fenstern in der Biedermeierzeit und des frühen Historismus, wo das Grazerstockfenster mit außen angeschlagenen und nach außen aufgehenden Außenflügeln Verwendung fand, ist das im Historismus und im Jugendstil vorrangig vorhandene Wienerstockfenster eine zweiflügelige Doppelfensterkonstruktion mit querrechteckiger Oberlichte und nach innen aufgehenden Außenflügeln. Die nach außen aufschlagenden Fensterflügel der Grazerstockfenster, die bei schrägem Betrachtungswinkel eine spiegelnde Wirkung ergeben, wurden früher jeweils im Sommer durch Schatten spendende Schlagbalken ersetzt. Im Unterschied zu heutigen Fensterkonstruktionen ist bei den alten Fenstern die Dimensionierung der Holzteile besonders zart und schlank und die Profilierung besonders fein durchgebildet. Schlagleisten sind an ihrem oberen Ende manchmal wie Säulenkapitelle ausgeführt. Durch außergewöhnliche Fensterformate oder Sprossenteilungen, insbesondere im Oberlichtenbereich, werden vereinzelt besondere Wirkungen erzielt. Blechgetriebene Rollokastenverkleidungen, wie beim Pfarrhof der Herz-Jesu-Kirche, geben dem Fenster eine besondere Note. Die Parapete (Fensterbrüstungen) sind als Rahmenfeld, oft mit Stuckfüllung oder mit vorgeblendeten Balustraden ausgeführt.

Balkone und Loggien

Ein wichtiges Gestaltungselement der Fassaden bilden Balkone und Loggien. Der Balkon, meist an der Ecke oder zur Betonung der Mittelachse über dem Hauseingang angeordnet, verleiht der Fassade eine zusätzliche repräsentative Note, die durch die Verwendung von Balustraden oder kunstvoll geschmiedeten Balkongittern noch gesteigert wird. Funktionell werden die straßenseitigen Balkone heute kaum mehr genutzt, sondern vielmehr die hof- und gartenseitigen schmucklosen Wirtschaftsbalkone, die vorwiegend zum Trocknen der Wäsche gedacht waren und heute häufig als blumengeschmückte kleine Erholungsinseln dienen.

Neben den Balkonen sind die hinter die Fassadenflucht tretenden Loggien gestaltwirksame Elemente. Sie bieten zur warmen Jahreszeit mehr Schatten als Balkone und sind oft auch in Kombination mit Erkern und Hausecken zu finden.

Dächer

Nicht unwesentlich für das Erscheinungsbild eines Hauses ist die Ausbildung der Dächer. Häufigstes Dachdeckungsmaterial in den Stadterweiterungsvierteln, so auch im Herz-Jesu-Viertel, ist die Tonziegeldeckung mit den abgerundeten Unterkanten, die so genannte Biberschwanzdeckung. Nur hervorragende Gebäude, wie beispielsweise die Herz-Jesu-Kirche und die „Alte Technik", wurden mit den teureren Schieferplatten gedeckt und dabei durch die gezielte Verwendung von helleren und dunkleren Steinen auch Ornamente in der Dachfläche gestaltet. Die Schieferdeckungen wurden später häufig durch ähnlich aussehende Asbestdachplatten (Eternit) ersetzt. Untrennbar mit den Dächern verbunden sind die teils kunstvollen Spenglerarbeiten in Form der Dachluken, Dachrinnen und Rinnenkessel. Selbst die Dachrinnenhaken wurden kunstvoll gestaltet, etwa in der Form von Fledermäusen. Die Nutzung des Dachraumes für Wohnzwecke führte zu teils interessanten Ausbildungen von unterschiedlichen Dachgaupen, die sich manchmal bis zu zweigeschoßigen, formal vielfältig ausgeführten Giebeln in der Form von Dreiecks-, Rund-, Voluten- oder Treppengiebeln präsentieren.

Hausportale

Eine wichtige Rolle für das äußere Erscheinungsbild eines Hauses spielt das Motiv des Hausportales oder der Hauseinfahrt, das meist Gegenstand einer besonderen formalen Ausprägung ist. Abgesehen von der reichen Gestaltung der Rahmung und der Portalbekrönungen sticht die Vielfalt der Portalgestaltung selbst ins Auge. Sowohl die Portale aus Holz, meist schwere Massivtüren mit geschnitzten Applikationen von Tierköpfen oder Ornamentik, als auch die unterschiedlich gestalteten Gittertorflügel, mit meist kunstvoll geschmiedeten Detailausbildungen, sollen beim Betreten des Hauses ein bewusstes Schwellenerlebnis vermitteln.

Stiegenhäuser

Wirkliche Überraschungen eröffnen sich beim Betreten der Häuser. Schon das Vestibül, gewissermaßen die Visitenkarte des Hauses, ist oft repräsentativ ausgestattet. Ornamental gestaltete Terrazzoböden, oft mit eingelegter Jahreszahl der Hauserrichtung und dem Monogramm der ersten Eigentümer, Säulen- oder Pilastergliederung der Wände, Stuckverzierungen oder Wand- und Deckenmalereien bilden das Instrumentarium der Gestaltungsmöglichkeiten. Sogar Wandbrunnen dienen ab und zu zur Aufwertung des Vestibüls. Die Glaspendeltüren, die das Vestibül mit dem eigentlichen Stiegenhaus verbinden, sind oft mit ornamental oder figural geätzten Gläsern versehen. Die Stiegenhäuser selbst zeigen in der zweiten Hälfte des 19. Jahrhunderts eine auffällige Großzügigkeit. Mit der Technik der einseitig in die Mauern eingespannten Stufen konnte man eine Seite der Treppe frei in den Raum auskragen lassen, wodurch sich im Vergleich zur heutigen Bautechnik sehr zarte Treppenkonstruktionen verwirklichen ließen. Besonders elegant wirken die in vielen Stiegenhäusern eingebauten gewendelten und geschwungenen Treppenläufe, die die Treppe fast als Skulptur erscheinen lassen. Auch bei den Stiegenhausfenstern gibt es besonders elegante Ausformungen. Manchmal treten Marmorplatten an die Stelle von Fensterbrettern oder künstlerisch gestaltete Bleiverglasungen und geätzte Scheiben ersetzen die klaren Fensterscheiben. Hohe, vielfach verglaste zweiflügelige Türen bilden den Zugang zu den einzelnen Wohnungen.

Gärten

Schon seit dem 16. Jahrhundert ließen sich immer mehr Adelige in den östlichen Vorstadtbereichen Gärten anlegen und Edelhöfe errichten. So besaß der geadelte Italiener Michael Morelli die Grundherrschaft Morelli mit dem nach dem Eigentümer benannten Morellenfeld, das in der Gründerzeit parzelliert und in Teilen verkauft wurde. Die Morellenfeldgasse erinnert noch heute daran. Schon 1574 gab es auf dem Morellenfeld 39 Häuser. In der Zeit des Biedermeier scheint die Gartenlandschaft im heutigen Herz-Jesu-Viertel besonders ausgeprägt gewesen zu sein. Nach einer zeitgenössischen Beschreibung „befinden sich in dieser Vorstadt verschiedene hübsche Partien, Gärten und Spaziergänge", und sie sei überhaupt ein einziger Garten „und gehört daher zu den vorzüglichsten Umgebungen von Grätz". Neben Adel und Klerus erwarben auch die Bürger immer häufiger Gartengrundstücke, wo man im Sommer außerhalb der Stadtmauern in Gartenhäusern übernachten konnte.

Diese Gartenidylle trug aber in dieser Zeit bereits den Keim der Verstädterung in sich. Die Anziehungskraft dieses „Nobelviertels" führte zu einem Bauboom, der die Gärten immer weiter zurückdrängte. Eine der größten und schönsten Garten- und Parkanlagen war jene der Freiherrn von Mandell, deren Mittelpunkt das kleine barocke Mandellschlösschen war. Zwischen 1860 und 1880 wurde auch diese Parklandschaft parzelliert und die historistischen Baublöcke entlang der Rechbauerstraße, der Naglergasse, der Mandellstraße und der Gartengasse errichtet. Der Name „Gartengasse" erinnert noch an die einstige Gartenlandschaft, die Mandellstraße an den ehemaligen Besitzer der weitläufigen Grünanlage. Das Schlösschen selbst fiel vor 1885 dem Neubau der „Alten Technik" zum Opfer.

Graz hatte im ausgehenden 19. Jahrhundert zu Recht den Beinamen „Gartenstadt". Den großzügig angelegten öffentlichen Parkanlagen, wie dem Stadtpark mit dem Schlossberg, dem Augarten und dem Volksgarten, standen die privaten Grünflächen innerhalb der gründerzeitlichen Blockrandbebauung, die straßenseitigen Vorgärten und die noblen Villengärten gegenüber.

Zu den öffentlichen Parkanlagen im Herz-Jesu-Viertel, wie Schillerpark, Felix-Dahn-Park und dem Park um die Herz-Jesu-Kirche oder dem später angelegten Lessingpark und dem Matthey-Garten, treten die zahlreichen Privatgärten. Die Gärten in den Innenhöfen der Blockrandverbauung sind vielfältig gestaltet. Hier findet man naturbelassene Gärten, streng geometrisch angelegte Gärten mit Hecken, Stauden und Blumenrabatten und Gärten mit Laub- und Nadelbäumen oder so manchen Obstgarten. Verschiedene Vogel- und Insektenarten mit unterschiedlichen Bedürfnissen finden hier ihren Lebensraum. Diese stillen Grünoasen inmitten verkehrsdurchfluteter Straßen sind eine besondere Spezialität des Viertels um die Herz-Jesu-Kirche. Innerhalb der Gärten findet man Gartenlauben aus Holz oder Eisen, kleine Lusthäuser, kleine Brunnen oder Biotope und die eine oder andere Statue. Manchmal erobert das Grün der Gärten auch die senkrechten Wände einer Fassade durch bis zum Dach reichende Kletterpflanzen.

Vorgärten sind in ihrer Anlage nicht nur ein wesentliches Qualitätskriterium des städtischen Straßenraumes, sondern auch ökologisch ein nicht zu unterschätzender Faktor. Zum Unterschied von städtischen Alleen, die besonders breite Straßenräume voraussetzen, da es sonst zu möglichen Belichtungseinbußen in den angrenzenden Häusern kommt, erweitert der beidseitig oder auch nur einseitig angeordnete Vorgarten das Straßenprofil und unterstreicht wie ein Passepartout die Fassadenarchitektur.

Zur unterschiedlichen Bepflanzung der Vorgärten mit Blumen, Sträuchern, Hecken und Kleinbäumen einschließlich ihrer oft qualitätsvollen gartenkünstlerischen Gestaltung treten die aus verschiedenartigen Natursteinen ausgebildeten Zaunsockel und die vielseitig gestalteten Zaungitter im Stil des Historismus oder des Jugendstils, die die Vorgärten zum Gehsteig hin abgrenzen.

Gerade in der Stadt Graz tragen die vielen Vorgärten, vor allem in den Gebieten der gründerzeitlichen Stadterweiterung des 19. Jahrhunderts, zur Aufwertung des Stadtbildes und zur Verbesserung der Wohnqualität bei. Auch die Grazer Vorgärten waren in den vergangenen Jahren in ihrem Bestand gefährdet. Die zunehmende Motorisierung und die damit verbundene Parkplatznot bewog viele Hausbesitzer, ihre Vorgärten, meist samt der Umzäunung, einem oder mehreren Autoabstellplätzen zu opfern. Selbst vom Magistrat wurden um die Mitte des 20. Jahrhunderts Vorgärten zugunsten von Straßenverbreiterungen entfernt, wie etwa in der unteren Sparbersbachgasse.

Besonderer Beliebtheit erfreuen sich die im Herz-Jesu-Viertel noch eher seltenen Schanigärten und die romantischen Gastgärten unter großen alten Bäumen, wie im Hof des Restaurants Braun de Praun, beim Schillerhof, vor dem Gasthof Eschenlaube oder im lauschigen Biedermeiergarten im Hof des Parkhotels.

Der Park am Felix-Dahn-Platz ist auch als Kinderspielplatz eingerichtet. Der Matthey-Garten zwischen der Schillerstraße und der Merangasse wurde von seinem Vorbesitzer der Stadtgemeinde mit der Auflage übergeben, ihn ausschließlich als Kinderspielplatz zu nutzen. Am nordöstlichen Ende des Matthey-Gartens befindet sich ein alter Viertelgrenzstein mit dem Relief des Grazer Stadtwappens. Neueren Datums sind die dem öffentlichen Blick entzogenen Dachgärten, die gerne im Zuge der Dachbodenausbauten als kleine Oasen der Erholung angelegt werden.

Wasser und Kanalisation

Um 1607 bestand beim Gallerhof im Bereich des heutigen Felix-Dahn-Platzes ein landesfürstlicher Teich, der durch einen Zulauf vom Teich im alten Tiergarten am Ruckerlberg mit Wasser versorgt wurde. Noch auf dem Stadtplan des Jahres 1867 ist der Leonhardbach als freies mäandrierendes Gerinne zu erkennen. Das Bachbett erstreckte sich quer über das spätere Baugrundstück der Herz-Jesu-Kirche, querte die heutige Rechbauerstraße an der Kreuzung mit der Nibelungengasse und führte quer über die Raimundgasse wieder in die Achse der heutigen Sparbersbachgasse. Die Geländemulde zwischen Kirche und Pfarrhof und die Senke in der Raimundgasse lassen noch heute das einstige Bachbett erkennen. Die leicht gekrümmte Bauflucht der Häuser Raimundgasse 2–6 geht auf deren einstige Situierung am Bachufer zurück.

1882 bis 1883 erfolgte die Einwölbung des regulierten Bachlaufes von der Schillerstraße bis zum Dietrichsteinplatz. Damit konnte man nicht nur das Hochwasserproblem besser bewältigen, sondern gewann auch zusätzlichen Baugrund. Über dem Gewölbe wurde die Sparbersbachgasse angelegt. Durch die Bauhöhe der Einwölbung wurden auch die zur Sparbersbachgasse führenden Straßenniveaus entsprechend erhöht. Dies ist die Ursache dafür, das die innerhalb der Blockrandverbauung liegenden Gärten in diesem Bereich um fast eine Geschoßhöhe tiefer liegen als das Straßenniveau. Am 9. Dezember 1925 setzte Bürgermeister Vinzenz Muchitsch an der Kreuzung Rechbauerstraße/Morellenfeldgasse den ersten Spatenstich zur Grazer Schwemmkanalisation.

Energieversorgung

Erst mit der Übernahme des Gas- und Elektrizitätswerkes in den Eigenbetrieb der Stadt im Jahre 1921 begann auch im Herz-Jesu-Viertel die systematische Stromversorgung. Vorher gab es auf den Straßen und in den Häusern Gas oder Petroleumlampen. Aus dieser Zeit stammt wohl auch die kleine Transformatorenstation an der Einmündung der Haydngasse in die Rechbauerstraße, die in einem fast kapellenartigen Kleinbau mit sezessionistischem Fassadendekor untergebracht ist.

Die starke Bautätigkeit im Herz-Jesu-Viertel im ausgehenden 19. Jahrhundert führte auch zum Bau der Straßenbahn vom Jakominiplatz zum Schillerplatz. Mit Erlass vom 28. April 1895 sagte das Handelsministerium die Konzession zu, am 31. Oktober 1895 wurde der Betrieb, zunächst als Pferdebahn, aufgenommen. Knapp vor der Jahrhundertwende, am 15. Juni 1899, konnte auch auf dieser Linie die erste elektrische Straßenbahn verkehren.

Eisen als Baustoff

Die Faszination des Eisens, in geschmiedeter und gegossener Form für Konstruktions- und Dekorationsteile, erreichte in der Gründerzeit und in der Zeit des Jugendstils einen Höhepunkt. Allein im äußeren Bereich eines Hauses bieten sich viele Möglichkeiten zur Verwendung von Eisen. Beginnend bei den Straßenbezeichnungs- und Hausnummerntafeln, den Fußabstreifern, den Radabweisern bei Toreinfahrten reichte die Anwendung bis zu den Tür-, Fenster- und

Balkongittern und Vordächern, Dachrinnenhaken, diversen Konsolen, Firstgittern, Blitzableitern und Mauerwerksschließen. Ganze Haustüren, als Gitterkonstruktion oder mit Blech beschlagen, runden die Vielfalt der Verwendung des Eisens ab. Im Bereich der Gärten und Parkanlagen fand das Eisen in phantasiereichen Variationen bei den Zäunen Anwendung, aber auch in Form von kleinen Gartenpavillons, Lauben, Gartenmöbeln, Parklaternen oder den weit verbreiteten Beet- und Raseneinfassungen.

Zu Raritäten sind die ehemaligen gusseisernen Straßenbezeichnungs- und Hausnummernschilder geworden. Neben der als Relief ausgebildeten Frakturschrift gaben auch die Form der Tafel und deren Farbe zusätzliche Informationen. So hatten die Straßen, die vom Stadtzentrum wegführen (Radialstraßen) eine viereckige Form mit abgeschrägten Ecken, während jene, die um das Stadtzentrum führen (Tangentialstraßen) eine elliptische Form aufwiesen. Die Farbgebung des Tafelrandes wies auf den Stadtbezirk hin. So war die Kennfarbe des ersten Bezirkes rot, die des Bezirkes St. Leonhard gelb und jene des Bezirkes Waltendorf grün. Trotz einer städtischen Verordnung im Jahr 1948, die einheitlich grün emaillierte viereckige Tafeln vorsah, hat sich im Herz-Jesu-Viertel so manche alte Tafel erhalten.

Auch WC-Anlagen und Pissoirs wurden aus Eisen errichtet. So mancher achtlos – im wahrsten Sinne des Wortes – übergangene gusseiserne Schacht- oder Kanaldeckel ist neuerdings mit dem Relief des Stadtwappens geschmückt. Gusseiserne Hydranten traten an die Stelle von Brunnenschächten.

Im Inneren der Häuser waren es verschiedenartig ausgeführte Säulen und Stiegengeländer, vorgefertigte Wendeltreppen, emaillierte Wasserauslaufmuscheln, Öfen, Stühle und Tischgestelle. Viele der kunstvollen Schmiede- und Schlosserarbeiten in der Herz-Jesu-Kirche und im ganzen Viertel gehen auf den damals in der Merangasse im Sgraffitohaus angesiedelten Betrieb der Gebrüder Kerl zurück.

Herz-Jesu-Kirche

Mit dem Bau der Herz-Jesu-Kirche erreichte die sakrale Bautätigkeit der Jahrhundertwende in der Steiermark ihren Höhepunkt. Gleichzeitig erhielt das Herz-Jesu-Viertel seinen namensgebenden Mittelpunkt. Bereits 1869 weihte Fürstbischof Johannes Zwerger die ganze Seckauer Diözese den „zwei heiligsten Herzen Jesu und Maria". Als Papst Pius IX. 1875 zum Andenken an den 200. Jahrestag der Offenbarung an die selige Margarita Alacoque eine besondere Verehrung des Herzens Jesu anordnete, kündigte Bischof Zwerger im Hirtenbrief vom 14. November 1875 seinen bereits lang gehegten Wunsch an, im rasch anwachsenden Stadtviertel zwischen den Pfarrgebieten von St. Leonhard und St. Anna im Münzgraben nicht nur eine neue Pfarrkirche, sondern gleichzeitig ein würdiges Denkmal für die Herz-Jesu-Verehrung zu errichten, wofür Papst Pius IX. bereits den Grundstein gesandt hatte. Die Wahl des Bauplatzes fiel auf das Morellenfeld, wo man durch den Ankauf von drei Grundstücken eine ausgedehnte Fläche zur Verfügung hatte, die nicht nur für ein allseits frei stehendes Gotteshaus, sondern auch für einen entsprechenden Vorplatz, eine Grünanlage und einen Pfarrhof Platz bot. Als planenden Architekten berief man den aus der Schule des Gotikers Friedrich Schmidt hervorgegangenen Architekten August Ortwein, der zu diesem Zeitpunkt auch mit der Regotisierung der Grazer Stadtpfarrkirche „Zum Heiligen Blut" beauftragt war.

Das 1876 erstellte Projekt Ortweins, für das auch Professor August Essenwein positiv eintrat, entsprach den gestellten Forderungen. Dem geosteten dreischiffigen Bau mit basilikalem Querschnitt und einem annähernd kreuzförmigen Grundriss war ein gedrungener Turm vorgelagert, dessen Unterbau eine Vorhalle zum Haupteingang einschloss. Wie besonders der Fassadenentwurf zeigt, lag die eigentliche Stärke Ortweins eher in der Detailform und im Ornament als in der Beherrschung der großen Baumassen. Der spärliche Zufluss an Geldmitteln verzögerte den Baubeginn und ließ die Kritik an dem zu aufwändigen Projekt laut werden. Das Baukomitee ließ daher 1879 ein bedeutend vereinfachtes Gegenprojekt anfertigen, das jedoch noch größere Ablehnung fand.

Eine schwere Krankheit Architekt Ortweins führte schließlich 1880 zur Berufung des in Graz geborenen Architekten Georg Hauberrisser d. J., königlicher Professor in München. Das Baukomitee sah in Hauberrisser, der kurz zuvor auch das Münchner Rathaus erbaut hatte, jenen Architekten, der in der Lage war, nicht eine museale Kopie eines Kirchenbaues aus dem 14. Jahrhundert zu errichten, sondern durch eine Wiederbelebung hergebrachter Formelemente ein zeitgemäßes, repräsentatives Gotteshaus zu schaffen.

Der erste Entwurf Hauberrissers zeigte bereits im Wesentlichen die Züge des heute ausgeführten Projektes. Zugunsten eines großen, freien Innenraumes wurde die Kirche mit einem einzigen Schiff geplant, dem seitlich unter den Fenstern niedere, durch Pultdächer abgedeckte Kapellen angegliedert waren, wodurch sich ein basilikaler Querschnitt ergab. Vorbilder dieser Art gab es in der Gotik seltener, jedoch zeigen Beispiele wie die Kirche von Montpezat oder die St.-Leonhard-Kirche in Tamsweg eine ähnliche Grundrissstruktur. Das deutlich akzentuierte Presbyterium endet mit einem 5/8-Chorschluss, die vorderste der südlich angefügten Kapellen weist einen 4/6-Schluss auf. An der Westseite überspannt eine geräumige Musikempore die ganze Schiffbreite. Um den Bauplatz möglichst für die Länge des Kirchenschiffes ausnützen zu können, situierte Hauberrisser den Turm seitlich und bildete den untersten Turmraum als Taufkapelle aus. In der äußeren Erscheinung sollte die Kirche über die meist zweistöckigen Gebäude des anwachsenden Gründerzeitviertels dominieren. Durch eine freie, unkonventionelle, aber klare und additive Zuordnung der einzelnen Bauteile gelang Hauberrisser eine große malerische Wirkung, ohne sich dabei im Detail zu verlieren. Der strenge Giebel des Hauptschiffes, der seitlich angefügte Sakristeitrakt und der als kleinerer Turm ausgebildete Treppenaufgang zur Musikempore bilden das Gleichgewicht zum exzentrisch alles überragenden Turm.

Im Zuge der weiteren Planung zeigte sich, dass der im Vergleich zu den umliegend neu angelegten Straßenzügen tiefer liegende Baugrund der vom Architekten angestrebten dominanten Stellung des Bauwerkes zuwiderlief. Diese Tatsache bewog Hauberrisser, den nunmehr erforderlichen Unterbau zur Hebung des Fußbodenniveaus zu einer Krypta auszubilden. Im Querschnitt erscheint diese Unterkirche als dreischiffige Anlage. Sechs gemauerte Pfeiler tragen die starken Ziegelgurtbögen und dazwischenliegenden Spitzbogengewölbe. Die als Sichtmauerwerk ausgeführte und an der Oberfläche veredelte Ziegelstruktur steigert die ernste Wirkung dieses Sakralraumes. Die Belichtung erfolgt über seitlich etwas höher angelegte Spitzbogenarkaden, die den aus gewaltigen Steinquadern aufgeführten Unterbau gliedern.

Am 24. Juni 1881 konnte endlich die Grundsteinlegung durch Bischof Zwerger stattfinden. Da Hauberrisser in München stark beschäftigt war, wurde Architekt Robert Mikovics mit der örtlichen Bauleitung betraut. Trotzdem zeigt der vorhandene Briefwechsel, wie sehr sich Hauberrisser um nahezu jedes einzelne Detail selbst annahm.

Aus finanziellen Gründen wurde der Bau vorwiegend in Backstein ausgeführt. Nur die notwendigsten Gliederungen und die einfachste Form des Maßwerkes wurden aus Aflenzer Sandstein ausgebildet. Die Verwendung von Schiefer als Dachdeckung, ursprünglich auch an den Türmen, gehörte damals zum Idealbild gehobener Architektur und stand im bewussten Wertgegensatz zur bodenständigen Ziegeldeckung. Gleichzeitig entstand auch der von Hauberrisser entworfene Pfarrhof, der mit der Kirche zusammen ein Ensemble bildet. Die Bedeutung des Kirchenbauvorhabens unterstrich der Besuch der Baustelle durch Kaiser Franz Joseph I. am 5. Juli 1882 und ein weiterer anlässlich der Eröffnung der nahe gelegenen Technischen Hochschule am 10. Dezember 1888.

Nach einer Gesamtbauzeit von zehn Jahren konnte Bischof Zwerger am 5. Juni 1891 die Einweihung des nunmehr größten Grazer Gotteshauses vornehmen, bei dem noch einmal die ganze Formensprache der Gotik zum Ausdruck kam. So geben auch die Fenster einen geschlossenen Überblick über die in der Gotik verwendeten Techniken der Glaskunst, von den figurenreichen Chorfenstern über das mächtige, an die französische Kathedralgotik erinnernde Radfenster bis zu den seitlichen Fenstern des Chores und schließlich den Chorfenstern in der Krypta, die in ihrer Schlichtheit zisterziensischen Vorbildern nachempfunden sind.

Der konstruktiv betonte Innenraum erfährt durch die Gobelins vortäuschenden Wandfresken von Karl Kager und die romantische Anordnung eines innenliegenden Treppenturmes die entsprechende Auflockerung. Namhafte Künstler, allen voran der Bildhauer Hans Brandstetter, haben an der Ausstattung der Kirche mitgearbeitet. Ein hoch aufstrebender Ziboriumsaltar, ähnlich jenem der Votivkirche in Wien, stellt den eigentlichen Mittelpunkt dar.

Als 1893 der bischöfliche Bauherr Johannes Zwerger starb, wurde er seinem Wunsche gemäß in der Unterkirche beigesetzt, die dadurch auch die eigentliche Funktion einer Krypta erfüllt. Hans Brandstetter setzte ihm mit einem Hochgrab aus reinweißem Carrara-Marmor ein Denkmal, das als Meisterwerk der steirischen Plastik dieser Zeit bezeichnet werden muss.

Trotz zahlreicher Bombentreffer, die im Zweiten Weltkrieg große Schäden im Viertel anrichteten, blieb die Herz-Jesu-Kirche unversehrt. Die Krypta wurde in der Kriegszeit als Luftschutzkeller genutzt. Am Allerheiligentag 1944 und am 1. Februar 1945 fanden unter den Trümmern ihrer von Bomben getroffenen Häuser in der Alberstraße, der Gartengasse, der Krenngasse, der Lessingstraße, der Naglergasse, der Nibelungengasse, der Rechbauerstraße und der Schumanngasse 77 Menschen auf tragische Weise den Tod. Bei beiden Weltkriegen wurden die Kirchenglocken eingeschmolzen. Am Tag der Staatsvertragsunterzeichnung, am 15. Mai 1955, fand die Weihe der neuen, wohl klingenden Stahlglocken statt. Anlässlich der hundertsten Wiederkehr der Kirchweihe im Jahre 1991 wurde im Rahmen der ersten Innenrestaurierung behutsam eine neue Altarzone eingestellt, gestaltet vom Stahlplastiker Gustav Troger und vom Architekten Heinrich Tritthart. 2004 bis 2005 folgte die Außenrestaurierung.

Den Rahmen für den repräsentativen Kirchenbau bildet die rundum angelegte Parkanlage, umzäunt von einem bemerkenswerten geschmiedeten Zaun, dessen Formensprache sich schon am Jugendstil orientiert. 1959 wurden der Zaun und die schönen Parktore größtenteils entfernt, um den Park auch augenscheinlich der Bevölkerung zu öffnen. Im Jubiläumsjahr 1991 stiftete die Stadt Graz das in Form eines sphärischen Dreiecks und eines Dreipasses angelegte Wasserbecken. Der Entwurf stammt von Heinz Pußwald, einem Mitarbeiter des Stadtgartenamtes.

In der Fachwelt heute unbestritten, stellt die Herz-Jesu-Kirche mit dem Pfarrhof das bedeutendste steirische Beispiel eines in sich geschlossenen Ensembles der Neugotik dar, bei dem von der architektonischen Gesamtkonzeption bis zur kunstgewerblichen Ausstattung die Federführung eines einzigen Meisters zu spüren ist. Mit der Herz-Jesu-Kirche wurden neue Maßstäbe in der sakralen Architektur des Historismus gesetzt. Wie eine Domkirche, die sie nach mündlicher Überlieferung ja werden sollte, hoch über die Dächer der umliegenden Häuser aufragend, prägt der Bau das städtebauliche Bild des umgebenden Gründerzeitviertels, das durch die inoffizielle Bezeichnung „Herz-Jesu-Viertel" eine besondere Stellung im Stadtbezirk St. Leonhard einnimmt.

Neben der Herz-Jesu-Kirche als sakralem Zentrum gibt es im Bezirk vereinzelt aber auch religiöse Kleindenkmäler wie das Kruzifix in der Maiffredygasse oder die kleine Kapelle in der Polzergasse. Auf so mancher Hausfassade befinden sich Nischenfiguren mit Madonnen oder „Ecce Homo"-Darstellungen.

Schlösser und Ansitze

Zu den ältesten Ansitzen im Herz-Jesu-Viertel zählt wohl der **Schützenhof** (Naglergasse 56, 56a). Sein Baukern reicht bis ins 16. Jahrhundert zurück. Auf dem Franziszeischen Kataster (um 1929) ist bereits die heutige Grundrissform der dreiflügeligen Anlage um einen zur Naglergasse sich öffnenden Hof erkennbar. Der Schützenhof, ursprünglich als „Guschitzhof" bezeichnet, wurde vor 1635 von Hans Leonhard von Claris (Johann Leonhard Clario), dem damaligen Besitzer des Gutes Sparbersbach (bis in das 18. Jh. gebräuchliche Bezeichnung für das Hallerschloss), an die Praunfalkischen Erben verkauft. Seit der Mitte des 18. Jahrhunderts ist auch die Bezeichnung „Schitzhof" bzw. „Schützhof" gebräuchlich.

In den Siebzigerjahren des 20. Jahrhunderts war der Schützenhof vom Abbruch bedroht. Ein zehnstöckiger maßstabsloser Baublock sollte an seiner Stelle errichtet werden. Seit 1982–83 ist das Gebäude in Form von Wohnungseigentum parifiziert. An der Ecke des Schützenhofes hat sich einer der wenigen alten Ecksteine im Herz-Jesu-Viertel erhalten. Diese sollten die Beschädigung der Hausecken durch vorbeifahrende Kutschen verhindern.

Der heute bedeutendste Ansitz im Viertel ist das von einer großen Parkanlage umgebene **Hallerschloss**. Ein Vorläufer des Hallerschlosses wurde urkundlich bereits 1389 genannt. Er lag am Westhang des Ruckerlberges an einer bedeutenden Anmarschstraße zur Stadt Graz und befand sich im Eigentum des Landesfürsten. Dieser Ansitz ist wohl als Wehrbau anzusehen, der zu einem Befestigungsring zur Sicherung des Grazer Vorfeldes gehörte. So war Sparbersbach, dies ist der ehemalige Name des Hallerschlosses, im 15. Jahrhundert im Besitz der Gnibinger und gelangte nach Erbschaftsstreitigkeiten im späten 16. Jahrhundert durch Verkauf an Mathias Aman. 1652 wurde Sparbersbach im Zuge eines weiteren Verkaufes als „wollerpautes Schloß" mit Kellern, Gewölben, Ställen und dergleichen mehr sowie 38 Untertanen beschrieben. Um 1650/60 bauten die Grafen Breuner das Schloss im barocken Stil um. Aus dieser Phase stammt auch die gut ausgestattete Katharinenkapelle im Obergeschoß über der ehemaligen Hofdurchfahrt. Ein Stich Vischers zeigt das Schloss um 1680 weitgehend in seiner heutigen, leicht asymmetrischen, im Grundriss U-förmigen Gesamtanlage mit zwei zeltdachbekrönten Ecktürmen und einer in der Südfassade mittig sitzenden Einfahrt. 1766 gelangte Sparbersbach an Friedrich Karl v. Haller, dessen Familie dem Schloss seinen zweiten, heute gebräuchlichen Namen gab. 1827 absolvierte Franz Schubert bei seinem Grazaufenthalt etliche Besuche im Hallerschloss, der „Hallerschloß-Kreis" um den Advokaten Dr. Franz Haring war in der vormärzlichen Grazer Musik- und Kulturgesellschaft von wesentlicher Bedeutung. Auch im 19. Jahrhundert kam es zu weiteren Eigentümerwechseln und baulichen Veränderungen, so planlich belegt im Jahr 1900 nach dem Entwurf des

Architekten Julius Kubik. Letzte größere Umbauten gab es 1923 für Ing. Viktor Czerweny-Arland. So ist das Schloss heute trotz der barocken Grundstruktur eher von einem historistischen Eindruck geprägt. Eine große, der Westfassade vorgelagerte Terrasse mit Freitreppe vermittelt zur weitläufigen Parkanlage.

1827 erwarb Erzherzog Johann für sich und seine Frau ein Grundstück an der Leonhardstraße, auf dem er ab 1830 in einem Park das **Palais Meran** erbauen ließ. Der Architekt war vermutlich Georg Hauberrisser d. Ä., der Vater des Architekten der Herz-Jesu-Kirche. 1862 ließ Anna Gräfin Meran, die Witwe des 1859 verstorbenen Erzherzogs, die Seitenflügel aufstocken. Bis 1939, als die Reichsfinanzverwaltung das Palais erwarb, stand es im Eigentum der Erben des Erzherzogs. 1956 wurde das Gebäude Eigentum der Republik Österreich. Aus dem zunächst im Palais eingerichteten Konservatorium ging schließlich die heutige Kunstuniversität hervor, die die teilweise nobel gestalteten Innenräume gut zu nutzen weiß. Im Park stehen die Büsten bedeutender Komponisten, unter ihnen von Anton Bruckner, Franz Liszt und Hugo Wolf.

Der **Engelhof** in der Merangasse geht in seinem Kern vermutlich ins 18. Jahrhundert zurück. Durch einen Umbau im Jahre 1918, nach Plänen von Architekt August Gunold, erhielt die Villa den Charakter eines kleinen Schlösschens. Barocke Sandsteinfiguren im Park und eine Nischenmadonna verstärken den schlossartigen Eindruck. Die geschmiedete Umzäunung besteht aus Zaunfeldern, die ursprünglich den Kirchenpark umschlossen. Auch die Sandsteinpfeiler und die Torelemente sind Teile der ehemaligen Parktore. Durch diese Wiederverwendung konnten sie 1959 vor der geplanten Verschrottung bewahrt werden.

Schulen

Als wichtigster profaner Monumentalbau des Viertels ist wohl die 1884 bis 1888 errichtete **Technische Hochschule** zu erwähnen. Vorübergehend dachte man daran, die Technische Hochschule in der Nähe der Universität anzusiedeln, damit, wie es noch am alten Joanneum der Fall gewesen war, beide Hochschulen über gemeinsame Forschungseinrichtungen verfügen könnten. Das Professorenkollegium lehnte diese Vorschläge jedoch ab und beauftragte die Professoren Horky und Wist mit der Vorbereitung und schließlich mit der Durchführung der Planung auf einem Baugrund im Stadterweiterungsgebiet östlich des Glacis, der Kaufvertrag wurde Ende 1875 ratifiziert. Den Bauplatz hatte ursprünglich auch die Diözese Seckau für den geplanten Bau der Herz-Jesu-Kirche im Auge. Das mächtige Portikusmotiv, ein Werk des Bildhauers Hans Brandstetter, das den Mittelteil der Hauptfassade bildet, die kuppelbekrönten Risalite und die weit ausladende Auffahrtsrampe verleihen dem Baukörper seine repräsentative äußere Wirkung, die sich im Inneren mit der Haupttreppe und im prunkvoll ausgestatteten Festraum, der Aula, mit den pilastergegliederten Wänden und der bemalten Kassettendecke fortsetzt. Die feierliche Eröffnung der Technischen Hochschule am 12. Dezember 1888 nahm Kaiser Franz Joseph I. persönlich vor.

1963 bis 1968 erhielt die Technische Hochschule (heute Technische Universität) im westlich des Altbaues anschließenden Park einen Erweiterungsbau für weitere Institute und die Zentralbibliothek nach Plänen von Karl Raimund Lorenz. Weitere Neubauten der Technischen Universität entstanden in der Nähe des Felix-Dahn-Platzes, wie das Chemiegebäude, ebenfalls von Karl Raimund Lorenz, und das Physikgebäude von Michael Szyszkowitz und Karla Kowalsky. Die ab 1868 errichtete ehemalige Druckerei Wall (Merangasse 70) wurde zu einem modernen Universitätsbau adaptiert.

Einem städtebaulichen Prinzip der Gründerzeit folgend, Kirche, Pfarrhof und Schule als Ensemble zu gestalten, wurde im Herz-Jesu-Viertel nicht entsprochen. Es blieb bei Kirche und Pfarrhof. Dafür baute man fünf Jahre nach Fertigstellung der Herz-Jesu-Kirche eine Schule in der Nähe. Im Jahre 1896 wurde die **Nibelungenschule** als städtische Volksschule für Knaben und Mädchen eröffnet. Sie fügt sich in die Bauflucht der Nibelungengasse ein. Durch einen U-förmigen Grundriss konnte zur Nibelungengasse ein kleiner Vorhof ausgebildet werden.

Schon fünfzig Jahre zuvor, 1846, gründeten die „Herz-Jesu-Schwestern" auf Ersuchen des damaligen Bischofs Roman Zängere das **Sacre Cœur** in der Petersgasse. Das Hauptgebäude mit seiner klassizistischen Fassade, das auch die Kapelle enthält, wurde 1851 errichtet, der anschließende Schulbau 1870 bis 1871 und der Erweiterungstrakt in der Schörgelgasse 1892. Letzterer wurde im Zweiten Weltkrieg schwerst beschädigt und musste erneuert werden. Im Zuge großzügiger Erneuerungen wurde auch die Kapelle 1961 neu gestaltet.

Im Jahre 1900 bezogen die **Ursulinen** ihr neues Kloster- und Schulgebäude. Es wurde als monumentaler viergeschoßiger Baublock mit Eckpavillons nach Plänen von Josef Schmalzhofer errichtet. Auf dem Dach, genau über der Hauskapelle, befindet sich ein aus Holz gefertigter turmartiger Dachreiter, dessen äußere Blechverkleidung als Musterbeispiel für eine qualitätsvolle Spenglerarbeit gelten kann. Die das Kloster fast umgebende Mauer ist als Sichtziegelmauerwerk ausgebildet. Durch Pfeiler und aufgesetzte Bögen gegliedert, wertet die reliefartig gestaltete Umfassungsmauer die Gehwege um das Kloster auf.

Einzelbauten des 20. Jahrhunderts

In der Literatur wird der von den Architekten Wilhelm Aduatz, Franz Jakubecky und Rudolf Taurer 1950 bis 1952 errichtete Bürobau der **Versicherungsanstalt des Österreichischen Bergbaues** (Lessingstraße 20) als einer der besten Verwaltungsbauten der frühen Fünfzigerjahre angesprochen. Die Übereinstimmung des lang gezogenen Baukörpers mit den querrechteckigen, gekonnt geteilten Fensteröffnungen verleihen dem Bau sein elegantes Erscheinungsbild. Der in Anknüpfung an den internationalen Stil errichtete Gebäudekomplex zeigt in exemplarischer Weise die nach der Unterbrechung durch den Zweiten Weltkrieg in den 50er Jahren neu aufgenommene Anbindung der österreichischen Architektur an die Moderne. In sozialgeschichtlicher Hinsicht dokumentiert das Bauwerk einen typischen, funktionell angelegten Verwaltungsbau der beginnenden zweiten Hälfte des 20. Jahrhunderts, der in diesem Fall noch durch ungewöhnlich qualitätsvolle Detailausführung, die auch die künstlerische Ausstattung mit einschließt, besticht. Seitlich des Haupteinganges befindet sich im Erdgeschoß ein Wandrelief aus profilierten Steinplatten unterschiedlicher Größen und Oberflächen mit graphisch darüber gelegten Metalldarstellungen. Das Relief stammt vom Bildhauer Heinz Hiebl und zeigt ein Emblem mit gekreuzten Hämmern sowie einen stilisierten Förderturm, Symbole des Bergbaues.

In der kleinen Parkanlage an der Rechbauerstraße befindet sich in der Nähe der Technischen Universität Graz ein pavillonartiger Kiosk aus den 50er Jahren des 20. Jahrhunderts. Der Kiosk wurde ursprünglich als **Stadtbücherei** errichtet und besitzt den liebevollen Spitznamen „Bröselmühle“. Auch die Bezeichnung „Speck-Mausoleum“, nach dem ehemaligen Grazer Bürgermeister Dr. Eduard Speck, wurde von der Bevölkerung für die innovative und damals ungewohnte Architektur geprägt.

Das Gebäude wurde 1957 vom Architekten Friedrich Moser entworfen und orientiert sich an den architektonischen Grundsätzen Le Corbusiers. Im Jahre 1989 erfolgte eine Adaptierung der Innenräume durch das Grazer Architekturbüro Kocher. Heute befindet sich in der ehemaligen Bücherei das Studentische Wohnungsservice. Zudem ist das Gebäude ein typisches Beispiel moderner Kleinarchitektur in den Grünanlagen von Graz.

Ausblick

Nicht zu Unrecht ist das Herz-Jesu-Viertel aufgrund seiner Lebensqualität, wegen seiner günstigen Entfernung zur Innenstadt und seinen Grünoasen ein begehrtes Wohngebiet. Gerade diese Begehrlichkeit birgt aber auch große Gefahren. Investoren versuchten und versuchen zu Lasten der vorhandenen Grünräume, Innenhöfe und Villengärten, manchmal auch zu Lasten bestehender Bausubstanz Neubauten zu errichten, die manchmal den städtebaulichen Maßstab sprengen. Immer häufiger greift der Verbau von Villengärten um sich. Damit wird nicht nur die Stadtökologie nachhaltig beeinträchtigt, sondern bei weiterem Fortschritt ist die Identität der Villenviertel gefährdet.

Um die vorhandenen Qualitäten des Herz-Jesu-Viertels auch zukünftigen Generationen zu erhalten, bedarf es eines verantwortungsvollen Umganges mit den Ressourcen seitens der öffentlichen Verantwortungsträger, aber auch jedes Einzelnen. Das historische Erbe zu bewahren und Neues mit großer Sensibilität hinzuzufügen ist die zukunftsorientierte Aufgabe der Gegenwart.

Straßen

Sparbersbachgasse und Herz-Jesu-Viertel

Rechbauerstraße

Leonhardstraße

Leonhardgürtel

Sparbersbachgasse

Merangasse

Naglergasse

Katzianergasse

Rechbauerstraße

Morellenfeldgasse

Schillerstraße

Sparbersbachgasse

Sparbersbachgasse

Ruckerlberggürtel

Merangasse

Felix-Dahn-Platz 2, 3 und 4

Naglergasse

Naglergasse

Sparbersbachgasse

Mandellstraße

Sparbersbachgasse

Wegenergasse

Naglergasse

Schützenhofgasse

Eduard-Richter-Gasse

Naglergasse

Eduard-Richter-Gasse

Friedrich-Hebbel-Gasse

Alberstraße

Rechbauerstraße

Rechbauerstraße

Plätze

Lessingpark

Park der Technischen Universität

Kaiser-Josef-Platz

Schillerpark

Kaiser-Josef-Platz

Kaiser-Josef-Platz 9 (Heilandskirche)

Kaiser-Josef-Platz

Felix-Dahn-Platz

Kaiser-Josef-Platz, Blick zur Oper

Schillerplatz

Kinder im Matthey-Park

Matthey-Park, Viertelgrenzstein

Schillerplatz

Blockbebauung

Herz-Jesu-Viertel mit Giebel-Kreuzrose

Katzianergasse, Raimundgasse, Uhlandgasse

Naglergasse / Ecke Nibelungengasse

Schillerplatz und Ruckerlberg

Naglergasse und Sparbersbachgasse

Ländliche Bebauung

Schützenhofgasse 35

Krenngasse 33

Polzergasse 22

Ruckerlberggasse 40

Polzergasse 24

Nernstgasse 8

Polzergasse 15

Rudolfstraße 11

Ruckerlberggasse 35

Nibelungengasse 59, Ecke Jensenweg 10

Rudolfstraße 12

Merangasse 75

Nibelungengasse 82

Schumanngasse 7

Merangasse 55, Konsulat Serbien-Montenegro

Hallerschloßstraße 21

Nernstgasse 8

Ruckerlberggasse 13

Ruckerlberggasse 5

Nernstgasse 1 und 3

Schillerstraße 23

Nibelungengasse 75

Polzergasse 30 und 32

Ruckerlberggasse 31

Rudolfstraße 37

Nibelungengasse 70

Polzergasse 7

Nibelungengasse 82

Ruckerlberggasse 11

Hauberrissergasse 6

Nibelungengasse 59

Hallerschloßstraße 3

Alberstraße 1

Merangasse 69, Engelhof

Merangasse 69, Engelhof

Merangasse 77, Jugendstilvilla

Merangasse 77, Garten

Fassaden

Ruckerlberggürtel / Ecke Krenngasse

Krenngasse 19

Sparbersbachgasse 42

Morellenfeldgasse 42

Mandellstraße 15

Uhlandgasse 9

Krenngasse 25

Nibelungengasse 18

Ruckerlberggürtel 17

Naglergasse 28

Eduard-Richter-Gasse 10

Schörgelgasse 23

Schillerstraße 27

Rechbauerstraße 53

Rechbauerstraße 53

Nibelungengasse 69, Seniorenheim

Technikerstraße 9

Alberstraße 9

Wastiangasse 4

Nibelungengasse 22–24

Naglergasse 65

Naglergasse 24

Rudolfstraße 37

Katzianergasse 12

Sparbersbachgasse 40

Rechbauerstraße 3, ehemaliger Pferdestall

Naglergasse 57

Naglergasse / Ecke Morellenfeldgasse 28

Mandellstraße 27

Lessingstraße 24

Sparbersbachgasse 54

Schillerstraße 21 / Ecke Swethgasse

Brockmanngasse 3

Brockmanngasse 6 und 5

Naglergasse 40

Rudolfstraße 3

Herrandgasse 9

Nibelungengasse 10

Herrandgasse 9

Rechbauerstraße 7

Alberstraße 16

Nibelungengasse 3

Schillerstraße 41

Krenngasse 38

Krenngasse 41

Alberstraße / Ecke Gartengasse

Krenngasse 43

Krenngasse 36

Schörgelgasse 80

Nibelungengasse 3

Rechbauerstraße 45

Krenngasse 38

Krenngasse 19

Rechbauerstraße 45

Plüddemanngasse 4 / Ecke Krenngasse

Naglergasse 38

Naglergasse 38

Rechbauerstraße 49

Schilder

Rechbauerstraße 53

Naglergasse 22

Krenngasse 12 / Ecke Naglergasse

Leonhardstraße 20 / Ecke Schillerstraße

Rechbauerstraße 15

Ruckerlberggürtel 16

Morellenfeldgasse / Ecke Schumanngasse 27

Leonhardstraße 27

Naglergasse 59

Lessingstraße 10

Mandellstraße 5

Naglergasse 59, Julienhof

Naglergasse 31

Krenngasse 33

Naglergasse 36

Leonhardstraße 20 / Ecke Schillerstraße

Merangasse 74

Morellenfeldgasse / Ecke Schumanngasse 27

Merangasse 58

Schumanngasse / Kreuzung Swethgasse

Naglergasse 31

Eckhäuser

Rechbauerstraße 31

Schillerstraße 27 / Ecke Morellenfeldgasse

Engelgasse 52

Sparbersbachgasse / Ecke Rechbauerstraße

Nibelungengasse 2

Naglergasse 61 / Ecke Schützenhofgasse

Schörgelgasse / Ecke Am Ring

Alberstraße 15 / Ecke Lessingstraße

Eduard-Richter-Gasse 13

Schillerstraße 41 / Ecke Nibelungengasse

Mandellstraße 22 / Ecke Sparbersbachgasse

Krenngasse 45 / Ecke Schillerplatz

Naglergasse 26

Schumanngasse 27 / Ecke Morellenfeldgasse

Naglergasse 59

Nibelungengasse 2

Technikerstraße / Ecke Sparbersbachgasse

Rechbauerstraße 16

Nibelungengasse 48

Rechbauerstraße 16

Rechbauerstraße 45

Morellenfeldgasse 25

Schörgelgasse / Ecke Brockmanngasse 5

Schillerstraße 48 / Ecke Nibelungengasse

Nibelungengasse / Ecke Rechbauerstraße 45

Nibelungengasse / Ecke Schillerstraße 39

Haydngasse 10 / Ecke Wastiangasse

Friedrich-Hebbel-Gasse 10

Kaiser-Josef-Platz 5

Sparbersbachgasse 24 / Ecke Mandellstraße

Rechbauerstraße 16

Dietrichsteinplatz 7

Uhlandgasse 1 (rechts), Sparbersbachgasse 31 (hinten)

Fenster

Lessingstraße 24

Schillerstraße 29

Schumanngasse 27 / Ecke Morellenfeldgasse

Schumanngasse 18

Merangasse 76

Eduard-Richter-Gasse 9

Schillerstraße 53

Eduard-Richter-Gasse 7

Krenngasse 38 / Ecke Ruckerlberggasse

Swethgasse 3

Sparbersbachgasse 46

Schillerplatz, Wachstube

Herrandgasse 10

Uhlandgasse 9

Schumanngasse 23

Friedrich-Hebbel-Gasse 2

Schillerstraße 35

Friedrich-Hebbel-Gasse 6

Nibelungengasse 82

Nibelungengasse 64

Dächer

Lessingstraße 12

Krenngasse 41

Nibelungengasse 3

Schörgelgasse 23

Sparbersbachgasse 31

Dachlandschaft Naglergasse (hinten) / Rechbauerstraße (vorne)

Alberstraße 26

Uhlandgasse 9

Schillerstraße 37

Jensengasse 6

Hausportale

Schillerstraße 37

Sparbersbachgase 57, 59

Rechbauerstraße 16

Merangasse 12

Rechbauerstraße 53

Nibelungengasse 46

Eduard-Richter-Gasse 13

Eduard-Richter-Gasse 11

Schillerstraße 11

Nibelungengasse 82

Morellenfeldgasse 30

Kaiser-Josef-Platz 3

Siemensgasse 6

Leonhardstraße 40, 42

Sparbersbachgasse 20

Rechbauerstraße 45

Friedrich-Hebbel-Gasse 2

Friedrich-Hebbel-Gasse 4

Friedrich-Hebbel-Gasse 6

Haydngasse 4

Haydngasse 6

Gabriel-Seidl-Gasse 9

Polzergasse 2

Katzianergasse 4

Ruckerlberggasse 31

Nibelungengasse 43

Stiegenhäuser

Schillerstraße 27

Naglergasse 28

Friedrich-Hebbel-Gasse 2

Naglergasse 24

Naglergasse 59, Julienhof

Katzianergasse 4

Naglergasse 40

Felix-Dahn-Platz 3

Haydngasse 10

Krenngasse 25

Nibelungengasse 8

Katzianergasse 4

Nibelungengasse 54

Herrandgasse 30

Plüddemanngasse 19

Schillerstraße 13

Katzianergasse 4

Nibelungengasse 43

Eduard-Richter-Gasse / Ecke Friedrich-Hebbel-Gasse 9

Mandellstraße 10

Naglergasse 24

Naglergasse 24

Haydngasse 10

Felix-Dahn-Platz 4

Naglergasse 59, Julienhof

Rechbauerstraße 63

Nibelungengasse 72

Polzergasse 21

Nibelungengasse 59

Wasser und Kanalisation

Nibelungengasse

Kanal unter der Sparbersbachgasse

Leonhardbach

Morellenfeldgasse

Raimundgasse 4 und 2

Raimundgasse 4 und 2

Raimundgasse 4

Am Leonhardbach

Energieversorgung

Siemensgasse 1

Sparbersbachgasse

Hallerschloßstraße

Stromverteiler Rechbauerstraße

Eisen als Baustoff

Schillerstraße

Dach der Technischen Universität

Technische Universität

Technische Universität

Rechbauerstraße, Technische Universität

Technische Universität

Technikerstraße, Technische Universität

Nibelungengasse 82

Schillerstraße 46

Nibelungengasse 43

Schillerstraße 39 / Ecke Nibelungengasse

Naglergasse 49

Naglergasse 40

Am Ring 6

Sparbersbachgasse 42

Siemensgasse 7

Naglergasse 69

Naglergasse 69

Leonhardstraße 59

Sparbersbachgasse 42

Herrandgasse 14 / Ecke Naglergasse

Raimundgasse 10

Friedrich-Hebbel-Gasse 10 / Ecke Eduard-Richter-Gasse

Leonhardstraße

Naglergasse 66

Raimundgasse 10

Morellenfeldgasse 39

Felix-Dahn-Platz 3

Schumanngasse

Felix-Dahn-Platz 4

Mandellstraße 13

Naglergasse 69

Haydngasse 10

Naglergasse 59

Naglergasse 59

Naglergasse 59

Naglergasse 59

Naglergasse 59

Naglergasse 36

Mandellstraße 26

„Sonniges Eck“

Nibelungengasse 1 / Ecke Uhlandgasse

Felix-Dahn-Platz 2

Schillerstraße 27

Schumanngasse 27

Felix-Dahn-Platz 4

Felix-Dahn-Platz 4

Katzianergasse 4

Alberstraße 25

Morellenfeldgasse 14/16

Herz-Jesu-Kirche

Naglergasse

Blick vom Ruckerlberg

Dach über dem Hochaltar mit Windrose

Pfarrhof; Fenster mit getriebener Rollokasten-verkleidung

Geschmiedeter Zaun

Morgenstimmung

Hochschiff

Hl. Leopold an der Westfassade

Durchblick von der Schützenhofgasse

Zaunpfeiler

Hauptportal mit Altan

Schalldeckel der Kanzel

Orgel mit Radfenster

Hl. Judas Thaddäus

Strahlenkranz im Hochschiffgewölbe

Taufkapelle

Oberkirche

Weihnachtskrippe

Hl. Judas Thaddäus

Unterkirche im Advent

Hl. Theresia

Büste des Architekten Georg Hauberrisser d. J.

Grabmonument für Bischof Johannes Zwerger, dem Bauherrn der Herz-Jesu-Kirche

Gewitterstimmung

Turmuhrwerk

Glocken

Naglergasse

Winterstimmung

Wasserspeier

Westfassade mit Fialen und Radfenster

Schützenhofgasse mit Blick zum Turm (mit Baugerüst)

Lichtpfeiler mit Außenkanzel

Turm mit Baugerüst

Morgenstimmung

Pfarrhof

Winterstimmung am Bischof-Zwerger-Platz

Südfassade, Ausschnitt

Zaundetail

Pfarrhof mit Lichtpfeiler

Parktor

Winterstimmung

Hauptportal mit Weinrebenmotiv als Beschlag

Menschen und Feste

Erstkommunion

Erstkommunion

Ostermesse

Trachtenhochzeit

Erstkommunion

Pfarrfest

Interview mit Ursula Schnös, der Urenkelin des Architekten Hauberrisser

Gespräch beim Brunnen

Schulschlussgottesdienst

Sparbersbachgasse 58, Herz-Jesu-Pfarrhaus (Haltestelle)

Ruckerlberggürtel / Ecke Krenngasse 38

Technikerstraße 13 / Ecke Sparbersbachgasse

Schillerstraße / Ecke Sparbersbachgasse

Eduard-Richter-Gasse

Naglergasse

Siemensgasse, Richtung Plüddemanngasse

Naglergasse

Ecke Rechbauerstraße / Gartengasse

Uhlandgasse, Bauernmarkt

Matthey-Garten

Felix-Dahn-Platz

Lessingpark

Felix-Dahn-Platz

Leonhardstraße 59, ehemaliges Palais Herberstein

Kirchliche Kleindenkmäler

Polzergasse, Kapelle

Leonhardstraße 3, gegeißelter Heiland

Merangasse, Madonna im Engelhof

Naglergasse 78, hl. Josef

Schillerstraße 58, Nischenmadonna

Leonhardstraße 42, gegeißelter Heiland

Petersgasse 1–7, Madonna und Herz-Jesu-Relief, Sacre-Cœur

Maiffredygasse, Kruzifix

Geschäfte und Lokale

Leonhardstraße 8, Parkhotel

Nibelungenstraße 26, Herz-Jesu-Apotheke

Mandellstraße 5, Kaiser-Josef-Apotheke

Plüddemanngasse 6, Apotheke zur hl. Elisabeth

Sparbersbachgasse 56

Merangasse 35, ehemalige Schlosserei Kerl

Naglergasse 3

Morellenfeldgasse 1

Ruckerlberggürtel / Ecke Krenngasse 38

Leonhardstraße 8

Mandellstraße 20

Mandellstraße 8

Naglergasse 40

Rechbauerstraße 19

Schumanngasse 1

Morellenfeldgasse 25

Schumanngasse 1

Morellenfeldgasse 32

Naglergasse 42

Rechbauerstraße 15 / Ecke Lessingstraße, „Eckhaus“

Mandellstraße 4

Mandellstraße 4

Schörgelgasse 19 / Brockmanngasse 6

Schillerstraße 40

Schillerstraße / Ecke Sparbersbachgasse

Rechbauerstraße 63

Glacisstraße 63, „Eschenlaube“

Naglergasse / Ecke Sparbersbachgasse 63

Technikerstraße 13

Ruckerlberggürtel / Ecke Krenngasse 45

Schillerplatz, „Schillerhof“

Mandellstraße

Rechbauerstraße / Ecke Schützenhofgasse 57

Gaußgasse 3, Union Sportverein

„Die Mopedfrau“

Schillerstraße / Ecke Nibelungengasse 38

Schumanngasse 4

Mandellstraße 11

Mandellstraße 11

Rechbauerstraße 6

Rechbauerstraße 63

Rechbauerstraße 63

Schörgelgasse 27

Rechbauerstraße / Ecke Morellenfeldgasse

Mandellstraße 8

Felix-Dahn-Platz 12

Naglergasse 38

Glacis 67

Schörgelgasse 64, Gärtnerei

Hallerschloßstraße 6, ehemaliges Atelier des Bildhauers Georg Winkler

Rechbauerstraße 15, „Eckhaus“, in Bildmitte der Künstler Walter Felber

Rechbauerstraße 15, „Eckhaus“

Morellenfeldgasse 11, Künstlerin Sandra Pioro

Morellenfeldgasse 11

Schlösser und Ansitze

Naglergasse 56, Schützenhof

Leonhardstraße 15, Palais Meran, heute Kunstuniversität

Leonhardstraße 15, Stiegenhaus der Kunstuniversität

Leonhardstraße 15, Kunstwerk von Gerhard Lojen vor der Kunstuniversität

Hallerschloßstraße 30

Hallerschloss

Schulen

Technikerstraße 4, Zentralbibliothek der Technischen Universität

Rechbauerstraße 12, „Alte Technik“, Haupttreppenhaus

Technikerstraße, Eingang zum Neubau der Technischen Universität

Felix-Dahn-Platz, Technische Universität, Physik-Institut

Rechbauerstraße 12, „Alte Technik“

Studenten im Vestibül der „Alten Technik“

Rechbauerstraße 12

Technikerstraße, Neubauten der Technischen Universität

Garten der Technischen Universität

Nibelungengasse 20, Nibelungen-Volksschule

Nibelungengasse, Uni-Café

Merangasse 70, Universitätsgebäude

Merangasse 70, Universitätsgebäude

Petersgasse 1–7, Sacre-Cœur

Sacre-Cœur, Klostergarten

Leonhardstraße 62–64, Schule und Konvent der Ursulinen

Schule und Konvent der Ursulinen

Rechbauerstraße 12, „Alte Technik“

Lessingstraße 20, Versicherungsanstalt des Österreichischen Bergbaues mit Relief vom Künstler Heinz Hiebl

Ruckerlberggasse 7

Pappenheimgasse 12, Heeresgebäudeverwaltung

Rechbauerstraße, ehemalige Stadtbücherei

Ruckerlberggasse 28

Morellenfeldgasse 35

Gaußgasse 4

Plüddemanngasse 14–16

Schumanngasse 26

Alberstraße 26

Nibelungengasse 73

Ruckerlberggasse 11

Polzergasse 13

Nachwort

Seit einigen Jahren lebe ich in diesem Bezirk und habe die Gelegenheit, die Herz-Jesu-Kirche tagtäglich zu sehen. Sie erfreut mich, egal ob morgens, abends, ob im Sommer oder Winter, sodass sie für mich einen ganz besonderen Stellenwert erlangt hat.

Ich befasse mich mit Architekturfotografie, so entstand mein Buch „Jugendstil in Graz", und parallel dazu entdeckte ich immer mehr bewundernswerte Details des Herz-Jesu-Viertels, die ich mit Begeisterung festhielt. Ich beschloss, die faszinierende Kirche samt ihrem schönen Viertel für ein Buch zu dokumentieren. Ich freue mich sehr, dass sich Herr HR Bouvier entschlossen hat, den Text zu diesem Buch zu verfassen und möchte mich sehr herzlich für die gute Zusammenarbeit bedanken.

Auf diesem Weg möchte ich auch jenen einen ganz besonderen Dank übermitteln, durch deren Hilfe ein wunderschönes Hobby zum Beruf wurde, insbesondere meinem hilfsbereiten Exgatten Dr. Alexander Kramer-Drauberg und einem guten Freund, Dr. Florian Hollomey. In technischer Hinsicht meinen beiden Söhnen, die viel Hilfe und Verständnis aufbrachten, und Ing. Gerrit Watzinger für fototechnische Details. Ebenfalls gilt mein Dank einigen Kunsthistorikern, die mir mit ihrem Wissen bei beiden Büchern Hilfestellung leisteten, und den Förderern: dem Bundesministerium für Bildung, Wissenschaft und Forschung, dem Land Steiermark und der Stadt Graz.

Ich wünsche allen viel Freude beim Entdecken von Details, an denen man in der Hektik des Lebens oft vorbeiläuft, die aber, wenn man sie registriert, erfreuen können. Denn dafür waren sie auch gedacht, als sie von Architekten oder Baumeistern geplant und gestaltet wurden und somit unsere Stadt bereichern.

Barbara Kramer-Drauberg

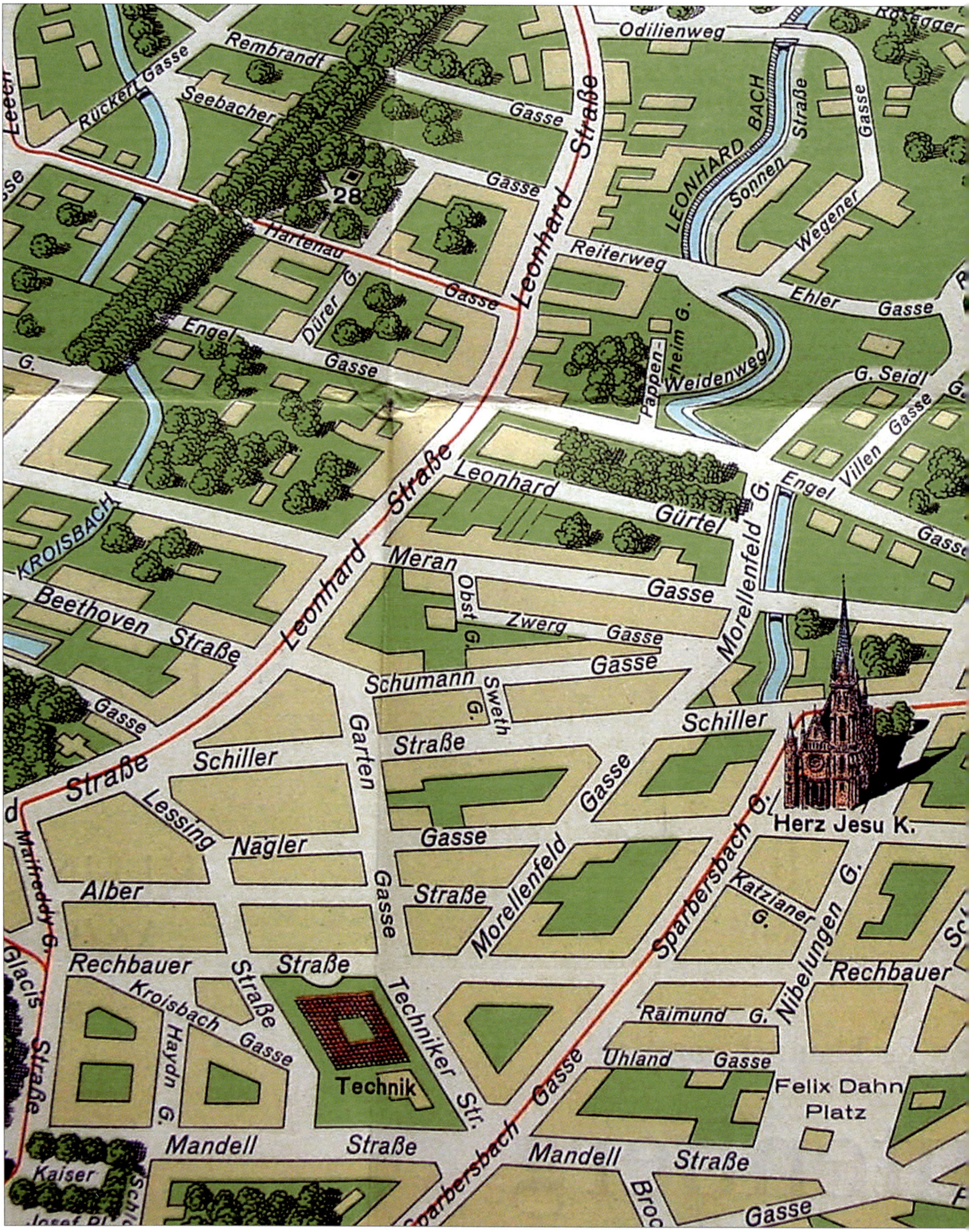

Herz-Jesu-Viertel, Plan 1953

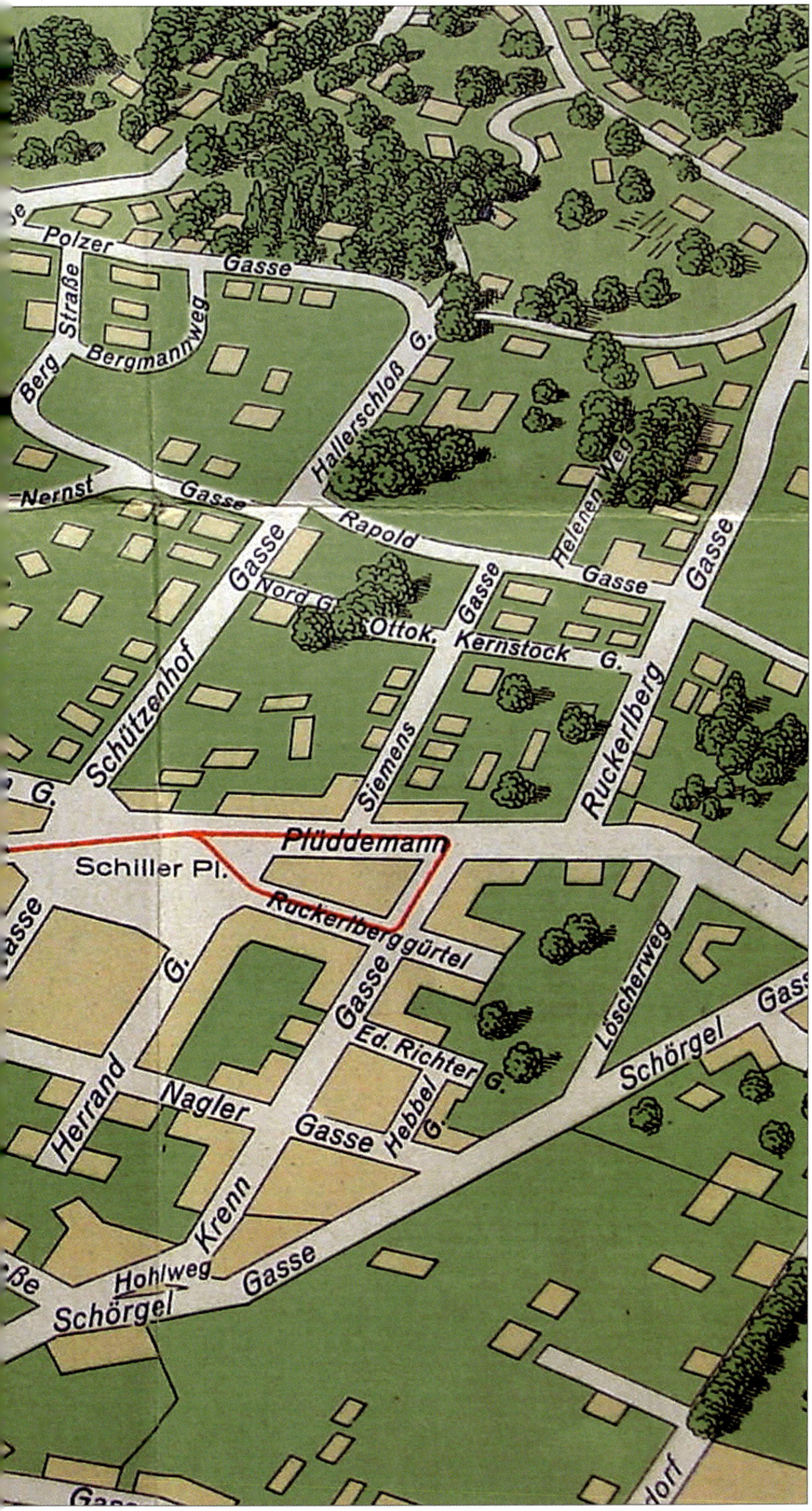
Polzer
Gasse
Berg Straße
Bergmannweg
Hallerschloß G.
Nernst
Gasse
Rapold
Helenen Weg
Gasse
Gasse
Gasse
Nord G.
Ottok. Kernstock G.
Gasse
Schützenhof
Siemens
Ruckerlberg
G.
Plüddemann
Schiller Pl.
Ruckerlberggürtel
Gasse
G.
Herrand
Nagler
Gasse
Ed. Richter G.
Hebbel G.
Löscherweg
Schörgel
Krenn
Hohlweg
Schörgel
Gasse

Blick vom Ruckerlberg